逮捕勾留プラクティス

柏崎簡易裁判所判事 恩田　剛 著

司法協会

推薦のことば

　本書は，逮捕・勾留に関する様々な問題点について，関連法令の改正を踏まえ，最新の実務を意識したものになっている。
　この設問の選別こそに本書の価値がある。
　筆者は，過去に副検事，検事，すなわち捜査側の立場で捜査公判に携わり，現在は簡易裁判所判事として刑事裁判及び各種令状審査を行うものである。
　本書で扱われている設問は，捜査の第一線に身を置く者であれば，日常的に経験し，また，多少なりとも悩み，不安を感じることばかりである。その問題点を，現在審査側の立場にある筆者が，丁寧に解説しているのであるから，正に実務に直結したものといえる。
　設問の多くは事例形式となっており，その解説に当たっては，法律及び判例解釈をベースに著者の類い稀な経験が加味されており，捜査官にも審査側にも実務に生かせる具体的なものとなっている。
　他にも逮捕・勾留に関する問題点を解説した実務参考書は存在するが，これほど実務に使える書はなかったように思う。

　逮捕状や勾留等の各種請求，これら令状の発付，準抗告等，いずれの手続も対象者の人権に大きく関わるものであり，その請求及び審査等は迅速に行う必要がある。本書は日々多忙な業務に追われるなかで，前記請求及び審査等を速やかに行わなければならない捜査官や審査側に対し，問題解決に向けた最短の道筋を与えるものである。
　本書は，限られた時間のなかで適正処理を行うことが求められる警察及び検察等捜査機関職員並びに裁判所職員にうってつけの良書であり，これを手に取られた方においては，必ずやその実務を助けるものと信じてやまないところである。

　　平成30年９月
　　　　　　大阪地方検察庁公判部副部長　　伊　藤　伸　次

は し が き

　本書は，司法協会からのご依頼をいただき，逮捕・勾留について，私の令状裁判官として，また，捜査官として，実際に経験したことを踏まえ，一問一答形式でできる限り分かり易く解説を試みたものです。私の力量不足からどこまで十分な解説ができたかは，真に心許ないところではありますが，日々の令状請求や令状事務処理等に，少しでもお役に立てていただければ，筆者としてはこれに優る喜びはありません。なお，意見にわたる部分は著者の個人的見解を述べたものです。
　本書の出版に当たりましては，大阪地方検察庁公判部副部長伊藤伸次氏，松戸区検察庁副検事土屋敬三氏の両名より，それぞれ貴重なご意見，ご助言を賜りました。
　この場をお借りして感謝申し上げたいと思います。

　　平成30年9月

　　　　　　　　　　　　柏崎簡易裁判所判事　　恩　田　　剛

参 考 文 献

　本書の執筆に当たり，本文中に逐一引用を示すことはできませんでしたが，主なものとして，以下の文献を参考にさせていただきました。

大コンメンタール刑事訴訟法　第二版（青林書院）

註釈刑事訴訟法・第３版（立花書房）

条解刑事訴訟法　第４版増補版（弘文堂）

刑事訴訟規則逐条説明　捜査・公訴（法曹会）

増補　令状基本問題上（一粒社）

令状審査の理論と実務（司法協会）

令状に関する理論と実務Ⅰ（別冊判例タイムズ34号）（判例タイムズ社）

令状事務（三訂版）（司法協会）

令状請求ハンドブック（立花書房）

Ｑ＆Ａ実例　逮捕・勾留の実際〔第二版〕（立花書房）

捜査・令状の基本と実務（東京法令出版）

捜査法体系Ⅰ（日本評論社）

逐条解説　刑事収容施設法　第３版（有斐閣）

平成19年版刑事判決書起案の手引（法曹会）

検察講義案（平成27年版）（法曹会）

新刑事手続Ⅰ（悠々社）

新実例刑事訴訟法Ⅰ　捜査（青林書院）

目　　次

第1編　逮捕・勾留一般

第1　令状と公訴時効……………………………………………………5
　　1　刑法及び刑訴法の法改正からみた公訴時効と令状請求
　　　の可否……………………………………………………………5
　　2　公訴時効の判断と更新令状…………………………………10
第2　職業の認定………………………………………………………13
第3　外国人の氏名の表記……………………………………………15
第4　勾留請求…………………………………………………………18
　　　逮捕から勾留までの時間制限について……………………18
第5　任意同行と逮捕…………………………………………………21
第6　受刑中の被疑者の逮捕・勾留の必要性………………………25
第7　逮捕・勾留における被疑者の所在の変更……………………28
第8　身柄拘束中の被疑者が逃亡した場合の措置…………………30
第9　令状審査における被害者調べの可否とその妥当性…………33

第2編　逮捕

第1章　通常逮捕

第1　被疑者の身上の変動……………………………………………41
第2　親告罪の告訴の欠如……………………………………………46
第3　罪を犯したことを疑うに足りる相当な理由…………………49
　　1　覚せい剤譲渡事案……………………………………………49
　　2　さい銭窃盗事案………………………………………………51
　　3　建造物侵入・窃盗事案………………………………………53

第4	被疑事実	57
1	被疑事実の擬律判断	57
2	被疑事実中にある被疑者の発した文言	58
3	被疑事実の特定の程度	60
4	被疑事実の誤記と逮捕状の効力	62
5	過剰な特定	64
第5	逮捕の必要性	67
1	犯罪発覚後,相当期間を経過しての逮捕状請求	67
2	比較的軽微な事件の被疑者が捜査機関の出頭要請に応じない場合の逮捕の必要性	68
第6	引致	72
1	逮捕後の引致場所と留置場所の関係	72
2	引致場所の変更請求	73
第7	有効期間	76
1	7日より短い有効期間の逮捕状発付の可否	76
2	7日より短い有効期間の逮捕状の効力	78
第8	刑訴規則142条1項8号	80
1	刑訴規則142条1項8号の記載事実の審査の観点	80
2	刑訴規則142条1項8号の記載の程度と資料の程度	84
3	刑訴規則142条1項8号の事項に現行犯逮捕は含まれるか	86
4	刑訴規則142条1項8号の事項と処分済みの他の事実	88
第9	逮捕状の更新	90
1	逮捕状の更新の一般的な注意事項	90
2	共犯者と被疑事実	92

第10　刑訴法199条1項ただし書の「30万円以下の罰金・・・に
　　　　　当たる罪」……………………………………………………95
　　第11　逮捕状請求の撤回の可否………………………………………97
　第2章　緊急逮捕
　　第1　犯罪の重大性……………………………………………………99
　　第2　被疑事実の一部が犯罪の重大性を満たしていない場合……101
　　第3　緊急性…………………………………………………………104
　　第4　緊急逮捕状の請求に添付すべき資料………………………107
　　第5　逮捕後の令状請求と引致の「直ちに」……………………109
　　第6　緊急逮捕状の請求が却下された場合の再逮捕の可否……111
　第3章　現行犯逮捕
　　第1　現行犯逮捕の要件……………………………………………114
　　第2　現行犯逮捕における逮捕の必要性…………………………117
　　第3　供述証拠による現行犯逮捕の可否…………………………120
　　第4　教唆犯の現行犯逮捕の可否…………………………………124
　　第5　準現行犯逮捕…………………………………………………126
　　　1　「罪を行い終わってから間がない」とは……………………126
　　　2　「犯人として追呼されているとき」とは……………………128
　　　3　凶器等の所持，身体等の証跡…………………………………129
　　　4　「誰何されて逃走しようとするとき」とは…………………131

第3編　勾留

　第1章　被疑者勾留
　　第1　勾留の理由……………………………………………………139
　　　1　完全黙秘…………………………………………………………139

| 2　罪証隠滅のおそれ…………………………………………… 141
第2　勾留の必要性………………………………………………… 144
　 1　更生施設への収容…………………………………………… 144
　 2　自殺のおそれ………………………………………………… 145
第3　勾留延長の事由……………………………………………… 148
　 1　共犯者未検挙………………………………………………… 148
　 2　被害者調べの必要性………………………………………… 150
　 3　示談未了を理由とする勾留延長の可否…………………… 153
　 4　余罪取調べ1 ………………………………………………… 154
　 5　余罪取調べ2 ………………………………………………… 156
第4　勾留状の効力………………………………………………… 158
第5　被疑者国選弁護人の選任請求に関する教示……………… 160
第6　勾留場所の選定基準………………………………………… 163
第7　勾留期間を10日間より短縮した勾留状発付の可否……… 166
第8　勾留請求却下の裁判に付すべき理由の程度……………… 170
第9　勾留通知……………………………………………………… 172
第10　少年の勾留………………………………………………… 174
　 1　勾留請求に対して観護措置が相当と認められた場合…… 174
　 2　少年を勾留する場合の「やむを得ない場合」…………… 175
第2章　被告人勾留
第1　違法な逮捕に引き続く逮捕中求令起訴への対応………… 179
第2　勾留状の被疑事実と公訴事実が同一性を欠いていた場
　　　合の対応……………………………………………………… 181
第3　勾留更新決定をすべき時期………………………………… 183
第4　保釈許可決定と勾留更新の要否…………………………… 185

第5　勾留中在庁略式不相当の場合の身柄処理……………………187
　　第6　逮捕中求令状起訴についての職権不発動の措置と釈放
　　　　命令………………………………………………………………189
　　第7　第1回公判の冒頭手続終了後に被告人を勾留する場合
　　　　の勾留質問の要否………………………………………………192
　　第8　移送同意の趣旨と判断基準…………………………………193
第3章　勾留理由開示
　　第1　勾留理由開示請求ができる利害関係人……………………197
　　第2　検察官が勾留期間内に被疑者を釈放した場合……………199
　　第3　勾留理由開示における裁判官忌避申立て…………………201
　　第4　弁護人が正当な理由なく出頭しない場合…………………203
　　第5　開示時点における勾留理由の開示の要否…………………205
　　第6　求釈明の対応と証拠の内容の開示の程度…………………208
　　第7　勾留理由開示の手続の流れ…………………………………211

事例索引………………………………………………………………………215

第1編　逮捕・勾留一般

第1編　逮捕・勾留一般

　本編では，逮捕・勾留に関し，以下のとおり，その令状処理において考慮すべき公訴時効，人定事項，その他の問題等逮捕・勾留における全般的な問題を扱います。

【公訴時効】
　公訴時効とは，犯罪後に一定期間が経過することにより，その犯罪についての公訴権が消滅し，公訴の提起ができなくなる制度です。逮捕・勾留は，公訴の提起及び維持のための強制捜査ですから，公訴時効が完成し，もはや公訴の提起ができない事件については，逮捕・勾留は許されないということになります。
　この公訴時効については，逮捕・勾留の令状処理にあたっても，罪数と時効の関係，共犯者が公訴提起された場合の停止等様々な問題をはらんでいるほか，平成22年4月27日に，殺人等の一部犯罪について公訴時効が廃止されるなど大きな法改正がありましたので，それらのことを中心に，問題を設定して解説をしました。

【人定事項】
　逮捕・勾留の各令状において，被疑者の人定事項は極めて重要な記載事項です。
　人定事項には，被疑者の氏名，年齢，住居，職業がありますが，その中でも氏名については，外国人の氏名の表記や誤記の場合の令状の効力等の問題が，職業については，様々な雇用形態をどのように認定し表記するかなどの問題が，それぞれありますので，それらについて実務を踏まえた検討をしました。

第1編　逮捕・勾留一般

【その他の問題】
　逮捕・勾留全般にわたる事項として，任意同行が先行した逮捕，受刑中の被疑者の逮捕・勾留の必要性，逮捕・勾留における被疑者の所在の変更，逮捕・勾留中に被疑者が逃亡した場合のとるべき措置，令状審査における被害者等の取調べの可否等について取り挙げました。

第1 令状と公訴時効
1 刑法及び刑訴法の法改正からみた公訴時効と令状請求の可否

> 問題1
> 以下の事件について，平成30年10月1日に逮捕状の請求ができるか。
> 小問1　平成15年4月27日に発生した傷害致死事件
> 小問2　平成15年4月28日に発生した傷害致死事件
> 小問3　平成16年12月31日に原因行為である暴行が行われ（実行行為終了），平成17年1月1日に被害者がその暴行による傷害を原因として死亡した傷害致死事件
> 小問4　平成17年1月1日に発生した傷害致死事件
> ※1　以下，平成17年1月1日に施行された平成16年法律第156号による改正前の傷害致死罪を「改正前の致死罪」と，その改正後のものを「改正後の致死罪」とそれぞれいうこととします。
> また，平成22年4月27日に施行された平成22年法律第26号による改正前の公訴時効を旧公訴時効，同改正後の公訴時効を新公訴時効とそれぞれいうこととします。
> ※2　公訴時効の改正経過については，公訴時効一覧表（本書9頁，以下「表」という。）にまとめました。
> 解説のカッコ内に（表A③）等とあるのは，上記表の該当か所を示しています。

■結論
小問1　旧公訴時効（7年）では，平成22年4月27日が時効完成日となるため，新公訴時効は適用されず逮捕状の請求はできません。

小問2　旧公訴時効では，平成22年4月28日が時効完成日となり，その結果，新公訴時効（10年）が適用されますが，時効完成日は平成25年4月28日となるため，逮捕状の請求はできません。

小問3　旧公訴時効では，平成24年1月1日が時効完成日となり，その結果，新公訴時効が適用されますが，傷害致死の実行行為が傷害致死罪の法定刑の改正前に終了しているため，改正前の致死罪が適用され，時効完成日は平成27年1月1日となります。したがって，逮捕状の請求はできません。

小問4　旧公訴時効では，平成24年1月1日が時効完成日となり，その結果，新公訴時効が適用され，実体法である刑法についても改正後の致死罪が適用されますので，時効完成日は平成37年1月1日となります。したがって，逮捕状の請求はできます。

■ 解　説

　新公訴時効については，施行日に旧公訴時効が完成していなければ，新公訴時効が適用になります（刑訴法附則3条による経過措置）。この点については，判例で憲法39条の遡及処罰の禁止やその趣旨に反しない旨判示されています（最判平27.12.3刑集69.8.815）。他方で，実体法である刑罰法規は，遡及処罰の禁止の原則により，犯行時の刑が適用されますので，その刑を，これが適用される時点における公訴時効の基準としなければなりません。

　小問1の事例では，平成15年4月27日に発生しているので，改正前の致死罪が適用され，当時の法定刑が懲役2年以上懲役15年以下でしたから，旧公訴時効は7年となります（表A③）。公訴時効の起算点は初日算入（刑訴法55条ただし書）であり，時効は応答日の前日である平成22年4月26日の経過をもって，つまり同月27日に完成にしますの

で、結局、新公訴時効の施行日に時効が完成し、新公訴時効は適用されません。したがって、逮捕状の請求はできません。

小問2の事例では、改正前の致死罪が適用され、旧公訴時効の7年が適用され（表A③）、旧公訴時効は、平成22年4月28日に完成します。そうすると、新公訴時効の施行日には旧公訴時効は完成していないため、新公訴時効が適用されます。しかし、法定刑は改正前の致死罪によりますので、新公訴時効の期間は10年となり（表C④の甲罪）、その時効は、平成25年4月28日に完成となります。結局、平成30年10月1日の時点においては、既に時効が完成しているため、逮捕状の請求はできません。

小問3の事例では、死亡の原因となった暴行である実行行為が平成16年12月31日に終了し、これによる死亡の結果が平成17年1月1日に発生しています。改正前の致死罪の法定刑が懲役2年以上15年以下であり旧公訴時効は7年であるところ（表A③）、改正後の致死罪の法定刑は懲役3年以上20年以下であり公訴時効は20年となりますが（表C③の甲罪）、刑法6条により、犯罪後の法律よって刑の変更があった場合は、その軽いものによります。ここでいう犯罪後というのは、結果発生後ではなく、実行行為の終了のことを指すのが通説です。ですから、適用される法定刑は改正前の致死罪によりますので、平成16年12月31日時点の当時の旧公訴時効の7年（表A③）となります。ただし、時効の起算点は、刑訴法253条の犯罪行為が終わった時が犯罪結果の発生を含むと解されていますので（最決63.2.29刑集42.2.314）、この場合の時効の起算点は平成17年1月1日となり、平成24年1月1日に完成することになります。ですから、平成22年4月27日においても旧公訴時効は完成していないので、新公訴時効が適用されます。しか

し，既に述べたように，適用される法定刑は，改正前の致死罪ですから，新公訴時効の期間は10年となり（表C④の甲罪），平成27年1月1日に時効完成となります。結局，平成30年10月1の時点においては，公訴時効は完成しており，逮捕状の請求はできません。

　小問4の事例では，改正後の致死罪が適用され法定刑は懲役3年以上20年以下となります。犯行当時の公訴時効は，法定刑が長期15年以上で，公訴時効の期間が10年ですから（表B③），平成27年1月1日に時効完成となり，新公訴時効の施行日に旧公訴時効が完成しておらず新公訴時効が適用されます。また，実体法の適用についても改正後の致死罪が適用されますので，新公訴時効は20年となり（表C③の甲罪），その時効完成日は，平成37年1月1日となります。したがって，平成30年10月1日の時点においては，公訴時効が完成しておらず，逮捕状の請求ができることになります。

公訴時効の改正経過一覧表

	A ～H16.12.31		B H17.1.1～H22.4.26		C H22.4.27～（現行）	
	法定刑	時効	法定刑	時効	法定刑及び対象犯罪	時効
①	死刑	15年	死刑	25年	法定刑：死刑 対象犯罪：人を死亡させた罪で禁固以上の刑に当たるもの（以下「甲罪」という。）	無期限（公訴時効廃止）
					法定刑：死刑 対象犯罪：上記以外の罪（以下「乙罪」という。）	25年
②	無期	10年	無期	15年	法定刑：無期 対象犯罪：甲罪	30年
					法定刑：無期 対象犯罪：乙罪	15年
③	長期15年以上	7年	長期15年以上	10年	法定刑：長期20年 対象犯罪：甲罪	20年
					法定刑：長期15年以上 対象犯罪：乙罪	10年
④	長期10年以上	7年	長期10年以上	7年	法定刑：長期20年未満 対象犯罪：甲罪	10年
					法定刑：長期15年未満 対象犯罪：乙罪	7年
⑤	長期10年未満	5年	長期10年未満	5年	法定刑：長期20年未満 対象犯罪：甲罪	10年
					法定刑：長期10年未満 対象犯罪：乙罪	5年
⑥	長期5年未満	3年	長期5年未満	3年	法定刑：長期5年未満 対象犯罪：乙罪 （甲罪で最も軽い自由刑の法定刑が業務上過失致死・重過失致死の5年以下）	3年
⑦	罰金		罰金		罰金	
⑧	拘留科料	1年	拘留科料	1年	拘留科料	1年

2　公訴時効の判断と更新令状

問題2
　以下の被疑事実について、平成30年11月10日に、有効期間を3か月とする逮捕状の更新請求ができるか。
　被疑者Aは共犯者Bと共謀の上
　第1　平成25年12月1日午前2時頃、千葉市中央区○○を走行中の車両内において、被害者Vの左顔面を刃物で切り付けるなどの暴行を加え、その反抗を抑圧して、現金1万円を強取し、その際、前記暴行によりVに対し、加療約2週間を要する左顔面切創の傷害を負わせ
　第2　同日午前1時頃、前記場所において、被害者Vを同車後部座席に押し込んで乗車させ、その頃から同日午前3時頃までの間、同所から同市稲毛区○○先路上まで同車を疾走させ、その間約2時間にわたりVを同車後部座席に監禁したものである。

結論

　第2事実の監禁については、公訴時効が5年ですが、逮捕状の更新請求時に、既に事件発生から4年11月以上が経過しており、このままでは有効期間を3か月とする逮捕状の請求はできませんので、以下の対応が考えられます。
　① 　監禁の事実を削って、強盗致傷だけで有効期間3か月の逮捕状の更新請求をする。
　② 　強盗致傷と監禁を併合罪としたまま、監禁の公訴時効の完成日の前日である平成30年11月30日までの有効期間を20日とする逮捕

状の更新請求をする。

　以上のほかに，留意すべき点として，共犯者Ｂの捜査公判の状況があります。Ｂが既に検挙され公訴提起されていれば，公訴提起の翌日からその裁判の確定するまで公訴時効が停止しますし，Ｂの公訴事実又は判決における罪となるべき事実が，強盗致傷と監禁の併合罪ではなく，包括一罪等で一罪となっていれば，公訴時効は強盗致傷を基準にすることができる場合等がありますので，それらの場合には，有効期間を３か月とする更新請求ができることがあります。

解　説

　本設問の被疑事実では，第１の強盗致傷は，法定刑が，無期又は６年以上の懲役ですので（刑法240条），公訴時効は15年となりますが（刑訴法250条２項２号），監禁については，法定刑が，３月以上７年以下の懲役であり（刑法220条），公訴時効が５年ですから（刑訴法250条２項５号），既に事件発生から４年11月以上を経過している以上，３か月の有効期間とする逮捕状の更新請求をすると，有効期間が監禁についての公訴時効の５年を超えてしまうことになるのです。

　したがって，本設問の結論でも示したように，平成30年11月10日に逮捕状の更新請求をする場合は，監禁の事実を削って有効期間を３か月として請求をするか，又は強盗致傷と監禁の事実で有効期間を20日として請求するしかありません。以上は，共犯者Ｂが未検挙の場合です。

　仮に，Ｂが検挙され公訴提起されていれば，その裁判が確定するまで被疑者Ａの公訴時効は停止しますから（刑訴法254条２項），これによりＡについての監禁の公訴時効が３か月以上延びれば，３か月を有効期間とする更新請求もできることとなります。

また、共犯者Bについての起訴状記載の公訴事実又は判決における罪となるべき事実が強盗致傷と監禁を包括一罪等で一罪としていれば、被疑者Aについての被疑事実もこれにあわせて一罪とすることができる場合もあります。ただ、この場合、Bについての罪数判断が、必ずAにも当てはまるとは限らないので慎重な検討が必要であることは言うまでもありません。いずれにしても、Aについても、Bと同様に、強盗致傷と監禁が一罪であると判断できる場合には、公訴時効は、強盗致傷を基準とすることができますので、有効期間を3か月とする更新請求はできるということになります。

■ 請求側・捜査側の留意点

　公訴時効にかかったような公訴提起の可能性のない事件については強制捜査は許されませんので、まずは、そのようなことがないように細心の注意を払わなければなりません。特に、長期間、逮捕状の更新請求を行っている事件は、請求の都度、公訴時効をよく確認する必要があります。本設問にあるように、共犯者がいるような事件については、共犯者の検挙の有無、捜査公判の進捗状況等を常に把握し、更新請求の際に、共犯者の逮捕状、起訴状、判決書の写し等を疎明資料として添付するのがよいでしょう。また、上記解説でも述べましたが、罪数判断が公訴事実等の関係で影響を及ぼしてくることもありますので、共犯者の公訴事実等がどのようになっているか、被疑事実とはどこが違うのか、よく確認した上で、更新請求にかかる被疑事実を訂正する必要があるかどうかなども慎重に検討した方がよいでしょう。

■ 審査側の視点

　逮捕状の更新請求の審査に当たり、被疑事実に共犯者が複数あり、長期更新をしているような事件は、他の共犯者が検挙されている可能

性も十分にあります。特に，人定がとれている実行共同正犯である振り込め詐欺のいわゆる出し子等は，最初に検挙される可能性の高い共犯者ですから，一件記録から，そのような共犯者が検挙されている状況がうかがわれる場合，その具体的な捜査公判の進捗状況等を請求側に確認し，必要があれば，その疎明資料を求めることも考えられるところです。

第2 職業の認定

> 問題3
> 万引き事案の被疑者が，数年前から飲食店でアルバイトとして稼働している場合，その職業の認定とその表記をどのようにしたらよいか。

結 論

アルバイトは雇用形態からみた一般的な呼称に過ぎませんので，アルバイトを職業として表記するのではなく，飲食店従業員等と表記するのが妥当ではないかと思われます。

理 由

被疑者，被告人の職業は，人定事項の要素の一つであるとともに，逮捕状又は勾留状の請求又は発付をするに当たり，逃亡のおそれなどの判断資料にもなるものです。本設問のようなケースでの令状請求の際の職業の表記として散見されるのは,「アルバイト」というものですが，アルバイトとは，雇用形態からみた労働者の一般的呼称に過ぎません（短時間労働者の雇用管理の改善等に関する法律2条参照）。したがって「アルバイト」は職業名ではないし，その用語から一般的に

認識し得るとはいっても，正式名称ではないので，「アルバイト」と記載するのは適当ではないものと思われます。「パート」等も同様です。

本設問のように，数年前からアルバイトとして継続的に稼働しているとなると，その職務内容からして「飲食店従業員」と認定し，そのように表記するのが妥当ではないかと思われます。

また，日雇労働者の場合，特定の雇用主との間で，稼働実体や被用者側の意図を勘案して継続性が認められれば，その職務内容に則して「土木作業員（日雇い）」等と記載するのが妥当ではないかと思われます。

大学生や主婦については，就業性，報酬性が認められないので，やはり職業ではなく「無職」とするべきですが，その場合でも「無職（大学1年生）」「無職（主婦）」と括弧書きで補助的な記載をすることは差し支えありませんし，むしろ分かり易い記載になります。

■ 請求側・捜査側の留意点

職業が被疑者の供述のみによる場合で，特段の裏付けがない場合には，安易に職業を認定せず，「自称会社員」等とするべきです。外観上，真偽に疑いのないような健康保険被保険者証等を携行している場合等は，供述と相まって職業を認定することは可能です。

また，被疑者の中には，弁解録取等の際に，捜査記録に合わせて答えようとする意識がはたらくあまり，既に解雇されているにもかかわらず，従前の職業をそのまま答える者もいますので，機械的な質問に終始せず，疑問があれば積極的に問い直してみることが重要です。

第3　外国人の氏名の表記

> 問題4
> 　各種令状に表記する外国人の氏名はどうすべきか。

■ 結　論
氏名の発音に基づきカタカナで表記します。

■ 理　由
裁判所法74条によれば「裁判所では，日本語を用いる。」と定められており，これは法廷等での口頭の主張や供述のみならず，裁判所に提出する書類にも適用があると解されています。これを受けて刑訴法175条ないし178条において外国語等の通訳及び翻訳について定められています。

令状請求は，書面でしなければならず（刑訴規則139条1項），その宛先が裁判所又は裁判官であるので，外国人の氏名は外国語表記によることはできず，発音に基づきカタカナで表記することとなります。

■ 請求側・捜査側の留意点
外国人の氏名について被疑者自身の発音を聞き取ってカタカナに置き換えるという方法が考えられますが，当該言語について知識経験のない捜査官がいわゆるネイティブの発音を聞き取っても正確性に欠けます。そこで，通訳人にその発音を確認して，カタカナに置き換えた場合の表記を捜査報告書等に記載するなどして疎明資料化するとカタカナ表記の正確性が確認できて分かり易いものとなります。

また，令状請求書記載の被疑者氏名欄には，カタカナ表記に加えて，被疑者氏名の上段又はその横に括弧書きで，被疑者の旅券等に記載されているアルファベット表記を付記するということも考えられます。

前述したように通訳人に発音を確認してもらうことは氏名表記の正確性を担保する一方法になるとは思われますが，カタカナであっても日本語による表記である以上，外国語の発音を示すには自ずと限界があります。アルファベット表記を付記することは，裁判所法74条の禁ずるところでもないですし，有害的な記載とも思われず，むしろ，一件記録上明らかでさしたる労力も要しませんから，氏名の正確性を補うという意味でより望ましいと思われます。令状の表記の取扱いではありませんが，判決書の外国人たる被告人氏名についても同じような取扱いがされていることもあるようです。

　中国人や韓国人等について，氏名の表記を「林〇〇ことリン△△」等とする場合に「林〇〇」の「〇〇」が日本の漢字にない字でも外字でわざわざ作って表記する例がありますが，その漢字はもはや日本語ではないので，裁判所法74条に反しているとの見方もできます。しかし，我が国が漢字文化圏にあり純粋な中国語等の外国語の漢字であっても違和感がないこと，中国語等もその表記の仕方が「こと名」であるという形の違いに過ぎず，アルファベットと同様に付記されることが正確性を補う上で有用であることからすると，従来の実務の慣行に従い，その外国語である漢字の後に，外国語としての漢字の発音をカタカナで表記し，「漢字ことカンジ」として表記しても差し支えないと思います。また，これに加え日本人名の通称名を持つ者については，日本人名こと漢字ことカンジとすればよいのではないでしょうか。

　なお，外国語である漢字については，これに相当する日本語の漢字から音読みをしてカタカナに置き換えるという表記をされるという扱いもあるようですが，これではその外国語である漢字の正しいカタカナ表記にはならないと思います。あくまで中国語なら中国語読み，韓

国語なら韓国語読みで通訳人に確認した上でカタカナ表記をするのがより正確な氏名の表記となります（外国人被疑者の氏名表記方法の具体例は，別表のとおり。）。

■ 審査側の視点

外国人の氏名について通訳人に発音等を確認してもらってカタカナ表記をしている場合，捜査側において表記方法について捜査書類の記載上混乱をきたしていることがあります。その場合，通訳人から発音を確認した報告書等の作成日付を基準に，それ以降，作成された捜査書類の被疑者のカタカナ氏名に異同がないか確認します。

仮に，通訳人から確認した報告書等とは異なるカタカナの氏名で，調書等が作成されている場合は，何等かの事情により被疑者氏名の認定を変えたということも考えられますので，請求者に確認した方がよいでしょう。

外国人被疑者の氏名表記の例

外国人		氏名の表記例
欧米人等 （アルファベットの場合）		ファーストネーム・ラストネーム （First name, Last name）
中国人 韓国人	漢字 ＋ カタカナ	漢字ことカンジ
	日本人名 ＋ 漢字 ＋ カタカナ	日本人名こと漢字ことカンジ

第4　勾留請求

逮捕から勾留までの時間制限について

> 問題5
> 　被疑者Aが，平成30年9月30日午前10時30分頃，コンビニで缶ビールをジャンパーのポケットに入れて万引きしたところを店員に現認された。同日午前10時33分頃，Aが同店を出たところで，店員がAに声をかけたが，Aが逃走しようとしたため，店員と店長の二人がかりでAの肩や両手をつかみAを店内に連れ戻し，直ちに警察に通報した。同日午前10時48分頃，警察官2名が現着し，同日午前10時58分頃，警察官2名がAの両脇をおさえ，パトカーに乗車させて，同日午前11時10分頃，K警察署に到着し，司法警察員甲においてAを取調べ，自白を得たことから，同日午後4時30分，Aを通常逮捕した。甲は，同年10月2日午後4時29分に，本件を検察官に送致する手続をした。検察官は，同月3日午前10時32分にAに対する勾留請求をした。
> 　この勾留請求には，どのような問題があるか。

結　論

私人による現行犯逮捕とみられた場合又は警察官による任意同行が実質的な逮捕と評価された場合，検察官に送致する手続をするまでに48時間を超えており，制限時間の遵守に反するおそれがあります。

解　説

本設問を時系列でみていくと以下のようになります。

9月30日
　① 午前10時30分頃　被疑者Aが万引きを敢行（現認）

②　午前10時33分頃　店員らがAの肩や手をつかみ店内に連れ戻し，警察に通報
　③　午前10時48分頃　警察官ら現着
　④　午前10時58分頃　任意同行
　⑤　午前11時10分頃　K署到着，A取調べ開始
　⑥　午後4時30分　　A通常逮捕
10月2日
　⑦　午後4時29分　　検察官への送致手続
10月3日
　⑧　午前10時32分　　勾留請求

　刑訴法203条によれば，「被疑者が身体を拘束された時から48時間以内に書類及び証拠物とともにこれを検察官に送致する手続をしなければならない。」と定められています。この48時間の起算点は，逮捕の着手の時や引致の時ではなく，逮捕により身柄が拘束された時であるとされています。そして，刑訴法上の期間の計算については，「時で計算するものは，即時からこれを起算」（刑訴法55条1項）とされており，これは即時から起算して，正味の実時間により計算する自然的計算法によることを意味しています。本設問の事例で，仮に，Aを通常逮捕した9月30日の午後4時30分を48時間以内の起算点とすれば，10月2日の午後4時30分の到達をもって時間制限が終了します。本設問ではギリギリの同時刻経過前に検察官への送致手続をしていますので，通常逮捕した時点を起算点とすれば，制限時間内ということになります。なお，検察官に送致をする手続をした時間というのは，検察官に送致された時間ではなく，あくまで送致する手続をした時間であり，実際に検察官に送致された時間が48時間を超えていても，時間制限の遵守

違反とはなりません。ただ，送致手続が48時間以内であったけれども，検察官に実際に送致された時間が48時間を超える場合は，検察官には被疑者の身柄拘束から勾留請求まで72時間しか与えられていないので（刑訴法205条2項），それだけ検察官の手持ち時間が少なくなります。

　さて，本設問をみると，結論のところでも出てきましたが，9月30日の時点で，午前10時33分頃に私人による現行犯逮捕とみられ得るような事実行為があります（以下「第1時点」という。）。また，同日の午前10時58分頃，2名の警察官が被疑者Aの両脇をつかみK警察署に同行させた事実がありますが，この行為が実質的な逮捕，つまり被疑者の身柄拘束であり48時間の起算点であると評価されることもあります（以下「第2時点」という。任意同行と逮捕の関係については，本書21頁参照）。いずれの時点を起算点とした場合でも，検察官への送致手続自体が48時間以内に行われていないので，制限時間の遵守違反となります。これは，先ほどのように，72時間の中で調整できません。本設問では，検察官の勾留請求が10月3日の午前10時32分であり，Aの身柄拘束からみて一番早い第1時点の9月30日の午前10時33分を起算点とすれば，ギリギリ72時間以内といえますが，その前段の検察官への送致手続の段階で，第1時点であれ，第2時点であれ，48時間を超えているので，それ自体が制限時間の遵守違反であり，その違反は72時間以内では調整できません。仮に第1時点又は第2時点が逮捕であるとされた場合には，検察官が勾留請求してきたのであれば，制限時間順守違反を理由として勾留請求は却下されることになります。

第5　任意同行と逮捕

> 問題6
> 　同棲中の男Aと女Bが喧嘩をしているとの通報を受けて駆け付けた警察官が、BからAが覚せい剤を使用している旨聴いた上、Aの腕に注射痕様のものを認めたことから、Aに対し警察署までの同行につき説得すると、Aは、しぶしぶながらも「仕方ねえな」と言ったので、2名の警察官がAの両脇を抱えて捜査車両に乗車させて、警察署まで任意同行した。
> 　この任意同行は適法か。

■ 結　論

適法であると思われます。

■ 理　由

　任意同行とは、被疑者等に警察署等までの同行を求め、その任意の承諾を得て、同行先まで連れていくことです。
任意同行には、警職法上のもの（同法2条2項）と刑訴法上のもの（同法197条1項）がありますが、いずれの任意同行でも、任意でなければ、違法な同行となり場合によっては実質的に逮捕に当たるとされることもあります。

　そうすると、任意同行でいう「任意」とはどのようなものをいうのかが問題となります。

　任意とは、本来的には自由意思に任せることをいいますが、任意同行にいう「任意」とは、法律上の強制手段によらないことを意味するにとどまるのであって、一応の承諾に基づいてなされるものであれば、ある程度の有形力の行使を伴うものであっても任意といえると解され

ています。

　ここでいう法律上の「強制手段」とは，判例によれば「個人の意思を制圧し，身体，住居，財産等に制約を加えて強制的に捜査目的を実現するなど，特別の根拠規定がなければ許容することが相当でない手段」（最決昭51年3月16日刑集30・2・187）とされていますので，それに至らない程度が任意といえます。

　さらに，同判例は，「強制手段に当たらない有形力の行使は，具体的状況下での必要性，緊急性などを考慮し，相当と認められる限度で許容される。」としていますから，それぞれの具体的事案において，必要性，緊急性等を基準に検討していくことになります。

　具体的な判断基準としては，

　①事案の重大性，②嫌疑の濃厚性，③緊急性，④同行の態様や強弱，⑤同行される者の承諾の有無やその程度，⑥捜査官の主観的意図等が挙げられます。

　本件について，以上の判断基準を当てはめてみると，

　①　事案の重大性

　　　覚せい剤使用事案であり，緊急逮捕における犯罪の重大性も満たしおり，一般的にも重大事案といえます。

　②　嫌疑の濃厚性

　　　通常逮捕状請求において要求される嫌疑の相当性まで認められるレベルには達していませんが，同棲相手の女性の供述，腕の注射痕様のものが認められることから一応の嫌疑が認められます。

　③　緊急性

　　　事案の性質や被疑者の態度等から認められます。

　④　同行の態様や強弱

２名の警察官が被疑者の両脇を抱えるなどして捜査車両に乗車させて同行している点でやや強行な態様のようにも思われますが，この後に述べるとおり，被疑者の承諾が認められます。
⑤　承諾の有無やその程度
　　被疑者は，しぶしぶながらも「仕方ねえな」等と言っていますので，一応の承諾が認められます。
⑥　捜査官の主観的意図等
　　本設問では，同棲相手の女性との喧嘩との通報を契機として偶々発覚した事案で，あらかじめ逮捕状の発付を受けるなど捜査計画に基づいた捜査ではなく，現場での判断により任意同行を適当としたものであり，捜査官の意図として令状主義を潜脱しようとの意図があったとは考えにくいところです。
以上によれば，本設問の任意同行は，ある程度の実力的要素を伴うものではありますが，被疑者の承諾に基づくものであり，違法とまではいえないものと考えられます。
しかし，本設問のように任意同行が適法であっても，その後，引き続き逮捕したような場合は，実務的には任意同行の開始を身柄拘束の始期ととらえた上で，慎重に対処して行く方がよいでしょう。

請求側の対応

本設問のように，被疑者に対し任意同行をかけた場合，捜査の端緒等の捜査報告書において，任意同行時の状況等を記載して報告することがありますが，そうした報告書に，任意同行の適法性の判断基準となる上記要素を丁寧に記載すると令状審査に際し分かり易い疎明資料となります。特に，それ以前の捜査状況，同行の態様や強弱，被疑者の承諾に関する具体的な言動等についての記載は重要です。

審査側の視点

　既に逮捕状の発付がある事件について，逮捕状を執行せずに任意同行しているような事案で，任意同行から相当時間を経過して逮捕状を執行しているようなケースでは，なぜ逮捕状の執行に時間を要したのか疑問が生じる場合があります。
　逮捕状が発付されている場合でも，直ちに執行しないことが，被疑者の名誉に配慮し，又は被疑者の供述内容を確認しながら，逮捕の必要性等を慎重に検討するため，まずは任意同行を求めるという趣旨であれば，その捜査方法も一定の合理性があります。しかし，既に逮捕状が発付されていることを被疑者に伝えて任意同行を求めたというのであれば，心理的強制の色彩が強くなり任意性に疑義が生じますし，名誉に配慮するとはいっても，逮捕に先行して大規模な捜索差押えが執行されていれば，それによって被疑者の名誉は害され得るので，捜査機関が被疑者の名誉を配慮して逮捕を遅らせたとは認め難くなることもあります。こうした事情に関し疑問が生じたときには，請求者に任意同行の状況等に関し説明を求める必要がある場合もあるものと思われます。

第6　受刑中の被疑者の逮捕・勾留の必要性

> 問題7
> 　窃盗罪で受刑中の被疑者について，同罪で検挙される以前に犯した詐欺罪が発覚した場合，その者を被疑者として逮捕・勾留する必要性は認められるか。

結　論
逮捕・勾留の必要性は認められます。

理　由
　刑事収容施設及び被収容者等の処遇に関する法律（以下「施設法」という。）に定められている刑事収容施設には，刑事施設，留置施設及び海上保安留置施設の3つがあります。このうち，受刑者は，刑事施設に収容されている（施設法3条1項）ので，罪証隠滅のおそれや逃亡のおそれがあるのかということが問題になります。

　まず第一に，罪証隠滅のおそれについてですが，被疑者が受刑者として刑事施設に収容されていても，それは刑の執行のために必要であるから身体の拘束を受けているに過ぎないのであり，事件関係者との接見等を通じて罪証隠滅を行うことを防ぐことはできません。

　第二に，逃亡のおそれについても，現に収容されている間は，在宅の被疑者に比べれば，逃亡のおそれは格段に低いといえますが，見込みのつく刑期満了はともかく，仮釈放や刑の執行停止等もあり得ることからすると，逃亡のおそれも，あながち否定はできません。

　そうすると，一般的に，受刑中の被疑者の場合には，罪証隠滅及び逃亡のおそれのいずれについても，通常の在宅の場合と特に区別すべきところはないということになります。また，従前の監獄法と異なり，

施設法においては，逮捕・勾留されていない受刑者は，刑事施設である刑務所等に収容されることと定められており，逮捕・勾留されない限り，警察の留置施設に収容することができません（同法15条1項1号）。したがって，警察の留置施設に収容した上で取調べ等をする必要がある場合は，受刑中の被疑者を通常逮捕してからでなければならないということになります。これを逮捕の必要性という観点からみると，刑訴規則143条の3にいう「その他諸般の事情」ということになるものと思われます。

■ 請求側・捜査側の留意点

　請求側が用意すべき逮捕の必要性に関する疎明資料としては，罪証隠滅のおそれに関しては，逮捕・勾留しなければ罪証隠滅を防止できない事情を具体的に明らかにしたもの，例えば，受刑中にもかかわらず罪証隠滅のおそれがあり，場合によっては，勾留に際し接見禁止の必要があるなどの事実を具体的に明らかにした報告書等を用意するのが望ましいところです。逃亡のおそれについては，前述した仮釈放等が認められた場合の一般論に留まる場合が多いと思われますが，具体的な罪証隠滅のおそれに併記しておくのがよいと思われます。また，留置施設への収容の必要性についても，被疑者の取調べ，引き当たり，面通し等捜査の必要性から具体的な記載をしておくべきです。

　なお，既に述べましたように，施設法の下では，逮捕・勾留されていない受刑者は，留置施設に収容することができませんので，余罪の取調べ等で留置施設に収容する場合には，必ず受刑者を逮捕してからでなければなりません。施設法施行以前の監獄法時代には，受刑者を余罪で逮捕する場合，逮捕状を請求して，その発付を受けた後，受刑者を留置施設に移送し，その後，その受刑者に逮捕状を示して逮捕す

るという方法もとられていましたが，これもできなくなりました。かならず，受刑者が収容されている刑事施設において逮捕した上で，留置施設に移送して留置しなければなりません。そうしないと，受刑者を留置施設に留置する根拠がないこととなり，被疑者の身柄を不当に拘束したことになってしまいます。

■ 審査側の視点

　逮捕事実の嫌疑の相当性は当然ですが，請求側から提出された上記の逮捕の必要性に係る報告書等をよく精査・検討する必要があります。また，留置施設への収容の必要性という観点からの審査も重要です。

　なお，実務的に問題になるようなことはまずありませんし，当然のことではありますが，逮捕状発付前の受刑者の所在については，単に人定事項や逃亡のおそれという観点からだけではなく，本来の収容先である刑事施設であること，逆にいえば，逮捕に先立って施設法で認められていない留置施設への収容がされていないかなどの観点から，逮捕状請求書の被疑者の住居所の記載内容はもとより，添付された疎明資料等により確認することが必要になってくるものと思われます。

第7　逮捕・勾留における被疑者の所在の変更

> 問題8
> 逮捕・勾留の各段階において，被疑者の所在を変更する手続にはどのようなものがあるのか。

解　説

逮捕・勾留の各段階においては，

① 　逮捕状が発付されその逮捕状による逮捕前に引致場所を変更する場合

②－1　逮捕後に引致場所と異なる留置場所に被疑者を留置する場合

②－2　逮捕後から勾留までの間の留置場所を別の留置場所に変更する場合

③ 　勾留後に留置場所を変更する場合

があり，以下の表のように整理することができます。

時　期	変更の内容	手　続	判　断
①逮捕前	引致場所の変更	引致場所の変更請求	裁判官の変更決定
②－1 逮捕後・勾留前	引致場所と異なる留置場所への変更	不要	いずれも裁判官の許可は不要だが，徒らに変更はできない。
②－2 逮捕後・勾留前	留置場所の変更		
③－1 被疑者勾留中	留置場所の変更	移送の求同意	裁判官の移送同意
③－2 被告人勾留中			第1回公判前 裁判官の移送同意
			第1回公判後 公判裁判所の裁判長の移送同意

前頁の表の①の逮捕前の引致場所の変更とは，例えば，被疑者Aの逮捕状請求時点において，引致場所を甲警察署として逮捕状請求書のとおり逮捕状が発付されたところ，Aが逮捕される前に，共犯者Bが乙警察署で逮捕され，乙警察署に捜査本部が置かれるなどしたことから，Aを逮捕したときには，逮捕状記載の甲警察署ではなく，乙警察署に引致したいというような事情が生じた場合に，裁判官に対し引致場所の変更請求をすることにより変更するものです（詳細は，本書73頁）。なお，逮捕後は逮捕状記載の引致場所に引致することになりますので，引致場所の変更の余地はなくなります。

　逮捕前の引致場所の変更と異なり，前頁の表の②－1のように，引致場所と異なる場所を留置場所とすること自体についても，また同表の②－2のように，逮捕留置中に，被疑者を一旦留置した場所からまた別の留置場所に変更しても，いずれも裁判官の許可は必要ありません。ただ，被疑者の防御権等の観点から，徒らに変更することはできません（詳細は，本書193頁）。

　他方，同表の③－1のように，勾留中の被疑者を一旦留置した留置場所から別の留置場所に移す場合は，裁判官に移送同意を求める手続をとり，裁判官が移送同意をしなければ認められません（刑訴規則80条1項，刑訴法207条1項，刑訴規則302条1項，詳細は，本書193頁）。また，同表の③－2のように，勾留中の被告人を別の留置場所に移す場合で，第1回公判前は，勾留の処分をすべき裁判官が，第1回公判後は，公判裁判所の裁判長（官）が移送同意をしなければ認められません（刑訴規則80条1項，刑訴法280条1項，刑訴規則187条1項，詳細は，本書193頁）。

第8 身柄拘束中の被疑者が逃亡した場合の措置

> 問題9
>   以下の身柄拘束中の被疑者が逃亡した場合，どのような措置をとることができるか。
>   ① 逮捕後，引致前の被疑者
>   ② 引致後，勾留請求前の被疑者
>   ③ 勾留請求後，勾留質問前の被疑者
>   ④ 勾留中の被疑者

■ 結　論
① 発付済の逮捕状によって逮捕することができます。
② 新たな逮捕状の発付を受け再逮捕しなければなりません。
③ 勾留状の発付を受け，その勾留状の効力により被疑者の身柄を拘束して留置施設に引致し勾留することができます。
④ 発付済の勾留状により被疑者の身柄を拘束して留置施設に引致して勾留することもできますし，逃走罪により逮捕状の発付を受けて逮捕することができます。

■ 解　説
① 逮捕後，引致前の被疑者について

　逮捕状は，被疑者の逮捕に着手した後でも，引致が完了するまでは，逮捕の目的を達したことにはなりません。ですから，引致前の段階で，被疑者が逃亡した場合は，発付済の逮捕状により逮捕行為を続行することができます。なお，この場合，既に逮捕には着手していることから，いつでも逮捕行為を続行することができるとの考え方もあります。しかし，一旦，逃亡した被疑者について逮捕に着

手したからといって，発付済の逮捕状でいつまででも逮捕できるというのではなく，逮捕着手後に，被疑者を失尾し，完全に逃亡してしまったら，裁判所に逮捕状を返還して再発付を求めなければならないと考えるべきでしょう。
② 引致後，勾留請求前の被疑者について
　被疑者が引致された後の勾留請求前というのは，つまり，引致後の留置期間中ということになりますが，この段階に至りますと，発付済の逮捕状は既にその目的を達しています。ですから，逃亡を図っても被疑者が警察の監視下にあり，直ちに，その逃亡を阻止して身柄を再確保できるような極めて例外的な場合を除き，原則として，その逮捕状で逃亡した被疑者を再度逮捕するということはできません。また，引致後の留置期間中の被疑者は，刑法97条の「未決の者」に当たらないと解されていますので，逃走罪の犯人としても逮捕できません。結局，発付済の逮捕状と同一事実の逮捕状の再発付を受けて再逮捕するしかありません。
③ 勾留請求後，勾留質問前の被疑者について
　勾留質問の前に被疑者が逃亡した場合には，勾留質問をすることができなくなりますので，勾留質問をしなくても，一件記録から勾留の理由と必要性が認められれば勾留状を発付できます（刑訴法61条ただし書）。したがって，その勾留状の効力により，被疑者の身柄を確保し，留置施設等へ引致して勾留をすることができます。ただし，その勾留状の有効期間内に，執行の着手ができないと勾留状の効力が失われますので，そのときには，改めて逮捕状の再発付を受け，これにより再逮捕するしかないこととなります。
④ 勾留中の被疑者について

勾留中の被疑者が逃亡した場合には，発付済の勾留状により，被疑者の身柄を拘束して，引致すべき留置施設等に引致した上で勾留できます。また，勾留中の被疑者は，刑法97条の「未決の者」に当たると解されていますので，単に逃走したのであれば，単純逃走罪の事実で現行犯逮捕できますし，また，逮捕状の発付を受けて逮捕することもできますし，更に逃走に当たり器具の損壊，暴行・脅迫等があれば加重逃走罪になりますので，緊急逮捕もできることになります。

第9　令状審査における被害者調べの可否とその妥当性

> 問題10
> 　令状審査に際し，裁判官が被害者調書の供述内容に疑問を抱いた場合に，被害者について事実の取調をすることはできるか。

結　論

　法令上，禁止されているわけではなく，むしろ必要があれば可能である旨の定めがありますが，相当ではないですし，実務的にはほぼ皆無と思われます。

理　由

　逮捕状等の令状は，判決，決定，命令の裁判の類型のうち，命令に当たるものと考えられます。この命令をするについて必要がある場合には，事実の取調をすることができます（刑訴法43条3項）。また，事実の取調をする場合において必要があるときは，証人尋問をすることもできます（刑訴規則33条3項）。したがって，令状審査において，必要があれば，事実の取調として，被害者や目撃者等の証人尋問を行い，あるいは事実上，それらの者から，直接聴取をすることも可能ではあります。

　しかし，令状審査は，疎明資料等の書面審査が原則であること，請求があってから，できるだけ速やかに審査が行われて発付するか否かを判断しなければならないこと，仮に，令状審査の際に，被害者等から直接聴取したい事情が生じたとしても，令状審査の限られた時間の中で被害者等を呼び出しあるいは請求者に同行させるなどということ自体，実務的に相当な困難を伴い現実的ではないこと，このような場合には，被害者等の事実の取調に代えて，請求者の出頭を求めて陳述

を聞くなどすることが認められていること（刑訴規則143条の2）等から，被害者等の証人尋問を含め事実の取調は相当ではなく，実務的にもほぼ皆無であると思われます。

■ 請求側の対応

裁判官から呼び出され，被害者が被害申告した経緯が判然としない，あるいは被害者調書の供述内容が他の証拠関係と整合しないなどの疑問を呈された場合は，それらの疑問を解消できる合理的な説明とその説明を支える疎明資料が必要になることは当然です。

ただ，請求書に添付した疎明資料や請求者の説明だけでは裁判官の疑問の解消が困難だと思われる場合でも，既に述べたとおり裁判官による直接の事実の取調は相当ではないと解されているので，捜査側において，適宜，被害者と電話連絡をとるなどして聴取報告書を作成して裁判官に提示するという方法も考えられます。しかし，こうした手段がとれるのは，速やかな令状審査との兼ね合いで考えた場合，被害者から聴取するなどのボリュームは，被害者調書を補正又は訂正し，その説明を加える程度のものであり，具体的には，例えば，被害届と被害者調書との間で，犯罪被害の発生時間に若干の食い違いがある，被害品の写真撮影報告書と被害確認とで形状や色合いに違いがあるなど，被害者等に確認すれば，直ちに訂正可能又は違いが生じたことについての合理的理由が判明するような程度にとどまるのではないかと思います。

■ 審査側の視点

被害者調書の一部が他の証拠と整合しないなど不自然な点が多く信用性が認め難いなどの理由から，令状請求自体を却下せざるを得ないこともありますが，その程度によっては，直ちに却下というのは妥当

ではない場合もあるものと思います。他方で，令状審査の心証は疎明で足りるといっても，被害者調書の一部が他の証拠と整合しないなどの不自然な点を認めつつ，これでよしとして令状発付をすることもできません。したがって，このような場合には，請求側に対し，釈明を求めることは勿論，釈明だけでは疑問が解消しない場合には，さらに進んで被害者に連絡をとって確認するように請求側に促すことも考えられます。

　ただ，釈明を求めてもなお，被害者調書の信用性に相当な疑問があるような場合は，そもそも令状発付の理由がたたないものと判断すべきですから，それ以上の手当てを請求側に促さず，却下又は撤回の方向で検討せざるを得ないことになると思われます。

第 2 編　逮捕

第2編　逮捕

　本編では，逮捕について，通常逮捕，緊急逮捕，現行犯逮捕に分け，以下のとおり，それらの令状処理において考慮すべき事項を扱います。

【通常逮捕】
　通常逮捕は，逮捕の中で最も基本型の逮捕ということができます。
　この章では，逮捕状請求時と執行時で被疑者の氏名等に変動があった場合の執行の可否の問題，親告罪における告訴の欠如と逮捕状の請求の可否の問題，罪を犯したことを疑うに足りる相当な理由を認めるための資料とその評価の問題，被疑事実に関する問題，逮捕の必要性の問題，有効期間の問題等を取り上げています。いずれも，日常の逮捕状請求，審査において頻繁に出てくる問題です。

【緊急逮捕】
　緊急逮捕は，死刑又は無期若しくは長期3年以上の有期懲役若しくは禁錮に当たる重大な犯罪について，逮捕者にとってその嫌疑が充分であり，逮捕をする緊急性が認められる場合に，事前に逮捕状の発付を受けなくても，被疑者を逮捕した後に，直ちに裁判官に逮捕状の請求をすることにより認められる逮捕です。以上のような緊急逮捕に特有の要件である犯罪の重大性，緊急性，請求の迅速性等について取り挙げて設問を用意しました。

【現行犯逮捕】
　現行犯逮捕及び準現行犯逮捕は，警察官としては，正に現行犯逮捕の現場における被疑事実の現認とその擬律判断や逮捕の必要性判断等として，また，検察官や裁判官としては，勾留請求やその審査にあたっ

第2編　逮捕

て，逮捕の適法性審査等として問題になってくることがありますので，そうした問題について取り挙げて設問を用意しました。

第1章　通常逮捕
第1　被疑者の身上の変動

> 問題11
>
> 　ある傷害事件で，被害者による写真面割りにより千葉市内在住の被疑者山田○○が浮上し最初の逮捕状が発付されたが，被疑者が所在不明となり，逮捕状を執行することができなかった。その後，逮捕状は更新されたが，その間に，被疑者使用に係る携帯電話機の位置探査を行うなどしたところ，水戸市内で稼働していることが判明した。そこで，山田○○に対し逮捕状の更新請求がなされた。その請求の際の戸籍謄本は，1週間前に発付されたものであり，被疑者氏名は山田○○となっていたことから，逮捕状も被疑者山田○○として発付された。そして，いよいよ逮捕状を執行するため，捜査官らが水戸市内に向かったが，その途中で，被疑者が数日前に結婚したため，被疑者の姓が山田○○から鈴木○○に変わっているとの情報が入ってきた。この場合，被疑者氏名が山田○○となっている逮捕状で被疑者を逮捕することはできるか。なお，逮捕状記載の被疑者の名や生年月日は，被疑者のそれと同一であった。

結　論
逮捕できます。

理　由
　逮捕は，捜索差押え等の対物的強制処分より，さらに大きな権利侵害を伴う対人的強制処分ですから，逮捕状により逮捕する者の恣意的な運用を防止するとともに，人違いによる誤認逮捕といった事故が起

きないように，誰に対する逮捕状なのかが，逮捕状の記載内容それ自体から明らかでなければなりません。

そうしたことから，逮捕状請求書や逮捕状には，被疑者の氏名が原則として必要的な記載事項として法定されています（刑訴法200条1項，刑訴規則142条1項1号）。

本設問と同様の事例について，下級審裁判例の中には，「被疑者氏名が戸籍上の氏名であることが最も望ましいが，被疑者の特定が十分であれば，戸籍上の氏名と一致しない通称名も逮捕状記載要件としての被疑者氏名に含まれていると解した上，逮捕状の被疑者氏名の記載が，婚姻前の被疑者の旧姓でも，婚姻等の姓名変更の事実経過や年齢等のほかの人定事項から被疑者であることが明らかであれば逮捕状は有効であり，同逮捕状による逮捕も適法である」旨判示しているものがあります(札幌高判昭27．3．12高集5．3．413)。この裁判例の事案では，逮捕状発付の5か月余り前に被疑者が夫との婚姻により新戸籍に入っていたのであり，請求時の被疑者の戸籍等がやや古すぎたのではないかとも疑われるところですが，それはさておき，被疑者が一時的に旧姓を名乗る実父の実家において夫とともに身を寄せていたことや年齢等からして逮捕状記載の被疑者であることは明らかであると認めており参考になります。

人定についての疎明資料に関しては，仮に被疑者の戸籍謄本等を請求日当日のものとしたとしても，逮捕状発付から逮捕までの有効期間は原則7日間ありますし，海外逃亡等を理由とする更新請求ともなれば有効期間が6か月といったものもあり，身上に関する疎明資料について如何に厳格な運用をしてもそのタイムラグを埋めることはできません。それにしても上記裁判例のように5か月余り前に被疑者の姓が

変わっていたということになると，そもそもの逮捕状請求時の疎明資料が古かったといわざるを得ず，請求側は適切な疎明資料を提供していなかったとして，また，審査側は疎明資料の新旧を看過していたとして，いずれも適切な処理ができていなかったのではないかということになりかねません。ですから，戸籍謄本等は，令状請求時点で古くとも3か月以内のもので，できる限り新しいものを用意するべきでしょう。

本設問では，更新請求時に添付されていた戸籍謄本は1週間前のものであり問題はありません。

問題は，婚姻により被疑者の姓が山田から鈴木に変わったため，新姓の鈴木にあわせて逮捕状の再請求までする必要があるかです。この点，その逮捕状執行の数日前に被疑者が婚姻してその姓を変えていたこと，捜査機関が被疑者の姓が変わったのを知ったのは逮捕状執行の直前であること，位置探査によりようやく被疑者の所在が確認され逮捕状の執行が可能になったものであり，再請求をしていては被疑者の逮捕が困難となるおそれがあったこと，被疑者の姓は異なるものの，捜査情報から姓が変更された事実経過が判明している上，名や生年月日が逮捕すべき被疑者と同一であると認められることなどから，鈴木の新姓で逮捕状の再請求をしなくとも，山田の旧姓の逮捕状は有効であり，逮捕状の執行時において，被疑者写真等の捜査資料や被疑者自身の供述から被疑者の同一性を確認できれば，その逮捕状による逮捕も適法であると考えられます。

■ 請求側・捜査側の留意点

前述しましたように，逮捕状請求時の戸籍謄本等については，できる限り最新のものであり，少なくとも請求から遡って3か月以内のも

のにする必要があります。

　また，逮捕状執行時においては，事前に入手した被疑者写真等の捜査資料との照合や被疑者自身に対し被疑者本人であることを確認し，その被疑者確認作業や逮捕時の被疑者の言動等を，具体的に通常逮捕手続書の「逮捕時の状況」欄に，例えば，

　「4　逮捕時の状況
　　　　被疑者は「私は鈴木です，山田ではありません。」などと述べ
　　　抵抗する素振りを示したが，本職において被疑者写真と照合し，
　　　逮捕状記載の被疑者氏名「山田○○」であると認められた。」
等と記載しておくとよいでしょう。

　さらに，送検時には，新たに判明した新姓について，早急に戸籍謄本等を取り寄せるとともに，送検書類に，山田こと鈴木○○等と，いわゆる「こと名」で逮捕被疑者と送検被疑者の同一性を明らかにしておく必要があります。

　なお，被疑者氏名が不詳のため，被疑者の容貌の特徴等に加え写真を添付し「別添写真の女」等として逮捕した被疑者について，例えば「鈴木○○」と氏名が判明して勾留請求する際には，判明した被疑者氏名だけを記載したのでは，逮捕した被疑者と同一であるかが明らかとなりません。この場合に，旧姓を「こと名」で表記するのに倣って「氏名不詳こと鈴木○○」とするのでは意味がありませんので，勾留請求書の被疑者氏名欄に「鈴木○○（別添写真の女）」等とした上で，逮捕状に添付した被疑者写真を改めて添付するということも考えられます。ここで添付された被疑者写真は，被疑者の特定ということに加え，被疑者の勾留に当たって，同一事実の同一被疑者についての逮捕前置を勾留請求書で明らかにしておくためということになります。

■ 審査側の視点

　逮捕状発付の際の審査においては，身上に関する疎明資料として戸籍謄本等の提供がある場合，それらの戸籍謄本等の記載内容から，逮捕状の被疑者のものか氏名及び生年月日等から確認することはもとより，謄本認証の年月日等を確認し，3か月以上前の古いものについては，請求者に，より最新のものがないか，あるいは身上の変動がないかなどを確認することが考えられます。

　身上に関する疎明資料は，被疑者の特定に必要であることはいうまでもありませんが，それ以外にも，例えば，就職をした，養子縁組をした，婚姻して新たな住居を定めたなどとなれば，逃亡のおそれの有無及び程度について，消極に働く要素となりますし，逆に，離婚した，懲戒免職となったなどとなれば，一般的に生活状況が不安定になり逃亡のおそれが増しますので，逮捕の必要性等の一検討資料にもなるものと思われます。

　勾留状の発付の際に，逮捕の適法性を審査するにあたっては，通常逮捕手続書や逮捕手続に関するその他の捜査報告書等から，被疑者の人定に問題がないかなどをみることになりますし，勾留請求書の被疑者氏名の記載については，「こと名」を使い，あるいは逮捕状の別添写真を添付しているかなど，同一被疑者の逮捕・勾留であることを示しているかを確認する必要があります。

第2編　逮捕

第2　親告罪の告訴の欠如

> 問題12
> 親告罪の告訴が欠けている場合の逮捕状の発付は適法か。

■ 結　論

原則として適法です。

ただし，告訴の欠如は，逮捕の必要性判断において考慮要素となりますし，告訴の欠如を補うことがおよそ見込まれなくなった場合には不適法となることがあります。

■ 理　由

親告罪の告訴は訴訟条件であり，これが欠けたまま公訴が提起されると，刑訴法338条4号により公訴棄却となります。

このように，告訴等の訴訟条件は，訴訟手続を有効に成立させ，これを存続させるための条件ですので，公訴提起に至っていない捜査段階において必ずしも必要とされるものではありません。

むしろ，告訴があるまで，又は告訴の見込が認められるまで捜査を行わないと，証拠が散逸し，あるいは被疑者が逃亡するなどし，事案の解明が困難になることもあります。したがって，告訴がない段階でも任意捜査はもとより強制捜査を行っても違法ではありません。犯罪捜査規範においても「警察官は，親告罪に係る犯罪があることを知った場合において，直ちにその捜査を行わなければ証拠の収集その他事後における捜査が著しく困難となるおそれがあると認めるときは，未だ告訴がない場合においても，捜査しなければならない。」と定めています（同規範70条）。

ただし，告訴の欠如は，後で述べますように逮捕の必要性判断にお

いて考慮要素となるので、告訴を単に令状の適法性の観点から見るのでは不十分であると思われます。

なお、全ての告訴権者の告訴期間が満了したような場合等、およそ公訴の提起が見込まれなくなったことが明らかな場合は強制捜査は許されず不適法と考えられていますので、逮捕状の請求も発付もできないこととなります。

■ 請求側・捜査側の留意点

原則として、告訴が欠けても逮捕状の発付が適法であり可能であるとしても、請求者として告訴がないまま何の補充もせずに漫然と請求すべきではありません。

請求時点において、未だ告訴がない合理的理由、告訴権者の意思、今後の告訴の見込等について捜査報告書にまとめて疎明資料にするなどの手当が必要であり、これが後述する「審査側の視点」において逮捕の必要性の検討資料となります。

また、逮捕状請求の段階で要求されるものではありませんが、以下のような点に注意が必要です。非親告罪であっても認定によって親告罪になり得る事件は捜査の早い段階で告訴権者の告訴を受けておくべきです。

重過失致死傷が過失致死傷となる場合等がその典型です。特異な事例としては、公園に設置された公衆トイレについて、建造物損壊の事案として捜査していたところ、公衆トイレの台座がボルトで固定する移動式のものであったことが判明し、急遽、器物損壊で自治体の長から告訴をとったという捜査事例がありました。

また、警察車両や警察署の備品等は、破損した箇所によって、告訴権者（管理者）が異なることがあるので物品管理に関する細則等に照

らして誤りのないようにする必要もあります。

審査側の視点

　親告罪の告訴が逮捕状発付のための適法性にかかる要件ではないにしても，その審査には逮捕の必要性から見た別途の考慮が必要になります。すなわち，告訴がない時点での請求の緊急性（たとえば，告訴権者が海外に長期出張しており直ちには告訴の追完ができないが，罪証隠滅，逃亡のおそれが高いなど），告訴権者等の意向，将来告訴等がされる見込みの程度，告訴等が訴訟条件とされた趣旨等も考慮に入れながら，逮捕の必要性等について慎重な検討が必要になるものと思われます。

第3 罪を犯したことを疑うに足りる相当な理由
1 覚せい剤譲渡事案

> 問題13
> 被疑者AがBに覚せい剤を譲り渡したとする覚せい剤取締法違反被疑事件の逮捕状請求において，以下のような疎明資料からAが罪を犯したことを疑うに足りる相当な理由があると認められるか。
> ① Bが使用した覚せい剤はAから譲り受けたものである旨の司法警察員に対するBの供述調書
> ② Bの尿から覚せい剤が認められた旨の鑑定書

■結論

相当な理由があると認められます。

■理由

通常逮捕の逮捕の理由となる「罪を犯したことを疑うに足りる相当な理由」を認めるための疎明資料については，公判手続において問題とされるような伝聞証拠といった証拠能力の制限はありません（ただし，伝聞証拠も供述証拠である以上，任意性がなければ，刑事手続のいずれの段階においても証拠能力は認められないので，令状請求の段階であるからといって，あらゆる証拠能力について全く制限がないというものではありません。）が，その信用性については慎重な判断が必要とされます。本設問は，被疑者AがBに覚せい剤を譲り渡したという事案であり，その事実関係としての譲渡の日時場所，譲渡の態様，その対価等はBの供述によっています。また，譲り渡した物の覚せい剤性については，BがAから譲り受けて使用したと供述していること

から，Bの尿中の覚せい剤の鑑定をもって足ります。以上からすれば，Bの供述の信用性が認められれば，AによるBへの覚せい剤の譲り渡しの事実について相当な理由があると認められます。

■ 請求側・捜査側の留意点

本設問では，覚せい剤譲渡の事実関係は，Bの供述によっており，覚せい剤性についても，Bの尿から出た覚せい剤の反応が，被疑者Aから譲り受けた覚せい剤によるものであることはBの供述によっているので，結局，全ての事実についてBの供述に依存する構造となっています。したがって，相当な理由が認められるためには，Bの供述がいかに信用性のあるものであるかが重要なポイントとなるのであり，逆にいえば，Bの供述の信用性に疑問が抱かれることとなると総崩れとなります。迎合的な供述に飛びつくと，思わぬところで一件記録中の他の疎明資料と矛盾しその信用性を維持できなくなるおそれもあります。積極的に供述する者こそ，その信用性について慎重な吟味が必要となります。

■ 審査側の視点

Bの供述の信用性を検討するに当たっては，供述内容自体の自然性・合理性は当然ですが，本設問のような覚せい剤譲渡事案の類型の事件は，取引が多数回に渡り，供述者自身が記憶を混同していることがしばしばあります。事案の発生から相当に期間が経過している場合は，供述そのものの変遷状況や他の疎明資料との矛盾に留意し，仮に看過しがたい矛盾や変遷がある場合，合理的な説明によって解消できるものか十分に検討する必要があるものと思われます。

2　さい銭窃盗事案

問題14

　被疑者Aが被害者B管理のさい銭500円位を窃取したという事案で，以下の証拠しかない場合，Aが罪を犯したことを疑うに足りる相当な理由はあるか。
① さい銭箱が設置場所から1メートルほど移動した場所で横倒しになっていた状況を表す実況見分調書。
② そのさい銭箱の上の左右の縁から採取された指掌紋がAのものと一致したとの報告書。
③ 横倒しのさい銭箱が発見された前日，Aがさい銭箱を覗き込んで棒様のものを入れようとしたり，ゆすったりしていた旨の目撃者Cの供述調書。
④ 3日間位さい銭箱の中身を確認していないが，通常であれば，少なくとも500円程度は入っているところ，一銭も入っていなかった旨のBの供述調書。

結　論

窃盗未遂の限度で相当な理由が認められます。

理　由

　本設問の事例は，被疑者Aがさい銭を窃取したという事実を認める直接証拠がありません。したがって，上記①から④までの間接証拠から間接事実を認定し，それらの間接事実の集積によって，Aに対し，通常逮捕において必要とされる相当な理由を認めることができるか否かということになります。
　まず，窃盗被害の事実関係ですが，①の実況見分調書から，さい銭

箱が本来の設置場所になく横倒しになっていた事実が認められ，この事実から何者かがさい銭箱内のさい銭を窃取しようとしていた事実を推認することができます。また，④のBの供述から，さい銭箱内に金銭が存在していなかった事実は認められます。しかし，さい銭箱内に存在していたであろう金額については，この供述内容から認めるのは難しいと思われます。したがって，嫌疑の相当性は，窃盗未遂の限度にとどまらざるを得ないのではないでしょうか。

次に，犯人性についての検討となりますが，犯人性の証拠としては②の報告書と③の目撃者の目撃供述があります。

さい銭箱の上の縁の左右にAの指掌紋の付着が認められたのですから，それがさい銭箱を移動させるなどの際に付着したものであることの推認は一応働きます。また，Cの供述によれば，Aはさい銭箱を覗き込んで棒様のものを入れようとしたり，ゆすったりしていたというのですから，さい銭窃取の犯意を推認することができます。これらのことから，Aがさい銭を窃取するためにさい銭箱を移動させた上横倒しにしたであろう犯人であることについて嫌疑の相当性を認めることができるのではないかと思われます。

■ 請求側・捜査側の留意点

さい銭箱の上の左右の縁についていた被疑者Aの指掌紋が，Aの指掌紋の左右と整合していなければならないのは勿論です。当然のことですが，仮に，さい銭箱の左縁にAの右手の指紋が，右縁に左手の指紋がそれぞれ付着していたとすれば，指掌紋が符合してもさい銭箱を持ち上げたり横転させたりした際に付着したものとの推認は働きにくくなります。その指掌紋がさい銭箱に接触した程度がどの程度のものか，つまり，軽く接触した程度のものか，それとも移動に際し，さい

銭箱の縁を把持するような力を加えたものか接触時の圧力（指圧）は印象された指紋線の太さである程度分かりますし，そのほか力の方向等による指掌紋の印象の違いを明らかにできるようであれば，鑑識から意見を聴取するなどして報告書にすることが考えられます。この点，あくまで令状請求の段階ですから，正式な鑑定書まで求めた方がよいという趣旨ではありません。また，さい銭箱の重量や形状，人が持つなどした場合，その際に付着する指紋とさい銭箱の横転状況の整合性等についての簡単な実験報告，そのほかＡがさい銭箱を覗き込んだ行為に関して，そのさい銭箱が覗き込んで中が見えるかどうかという点で，さい銭箱を上から写真撮影するなどして，その構造を明らかにしておくことなども有用であると思われます。金額の特定にあたっては，さい銭管理簿のようなものがあれば，普段のさい銭の収入額からＢの供述を裏付けることにもつながります。

3　建造物侵入・窃盗事案

問題15

　平成30年6月17日午前2時頃，○○県○○市・・・所在の甲製品を製造する被害会社の倉庫出入口の施錠を外して，同所に侵入し，その頃，同所にあった甲製品20個（時価合計○○円）を運び出して軽自動車に積みこんで窃取したという事案において，以下の事実が認められた。①　防犯カメラにＡらしき人物（Ａの上司や同僚は，Ａだと断言するが，客観的には，画像が粗くて断定までできない。）が本件犯行時刻頃，倉庫出入口の施錠を外して倉庫内に侵入し，甲製品を軽自動車内に搬入している状況が撮影されて

第2編　逮捕

いた。②　Aらしき人物は、Aであれば、被害会社の元従業員。③　防犯カメラに撮影された人物は、背格好はAと似ているが、画像が粗く拡大した画像では目鼻立ちさえ確認できないものであった。④　被疑者の着衣は製造工場の作業服に被害会社特有の社章と酷似する刺繍らしきものが映っていた。⑤　本件で使用された軽自動車は、ナンバーは肉眼で全く判別できないものの、拡大した画像データから、推定ナンバーが確率の高いものから30候補ほど挙げられており、色は黒で、車種は特定できたが、人気車種で一般に広く普及していた。⑥　Aは犯行当時同車種で同色の車を所有していた。⑦　A所有の同車のナンバーは、推定ナンバーが第1順位のものと一致した。⑧　被害会社には、従業員が20名いる。以上から、Aに対する通常逮捕状の発付ができる程度に嫌疑の相当性が認められるか。

■結　論

相当な理由があると認められませんので、このままでは逮捕状の発付はできないものと思われます。

■理　由

防犯カメラの画像によっても、背格好がAらしき者というだけで、顔等の特徴は全くわからないので、これだけではAが犯人であることを認めることはできません。したがって、そのほかの間接証拠を積み重ねて推認をする作業が必要になります。

Aが被害会社の元従業員であることから、犯人がAだとすれば同社の作業服を着用していることもあり得ること、犯行に使用された車種と色が同じ車両をAが所有していたこと、防犯カメラで撮影されてい

た犯行使用車両のナンバーについて解析したところ，第1順位のナンバーがAの車両のナンバーと一致したことがそれぞれ認められますが，果たして，それだけでAを犯人と認めるだけの相当な理由があるといえるかが問題となります。犯行使用車両は，かなり人気のある売れ行きの好調な軽自動車であり，その色も黒といった一般的なもので，そのほかに特徴はありません。車両のナンバーも，元の映像をみると肉眼では全く判別不能なもので，解析されたものも，上位から30候補挙げられたもののうち，第1順位のものがAの車両のナンバーと一致したとはいえ，それは推定されたナンバーに過ぎないことなどからすると，逮捕状の発付ができる程度にAの犯人性を認めることは難しいと言わざるを得ないものと思われます。

■ 請求側・捜査側において追加すべき証拠等

もっとも順当なのは，A宅や犯行使用車両等の捜索差押令状の発付を受けて，被害品である甲製品を差押えて証拠化することです。

また，例えば，被害会社に従業員が20人いるわけですから，その従業員全員とその家族の所有車両を確認する作業というアプローチも考えられます。犯行使用車両が市場によく出回っている一般的な黒色の軽自動車ですが，仮に，被害会社の従業員やその家族の中に同じ車種の同色の車両を所有している者がいなければ，被害会社の作業服を着て犯行に及ぶことのできる犯人がAである蓋然性が高まり，ほかの間接証拠とあわせて犯人性が認められるということは十分にあり得ます。また，ほかに犯行現場付近の犯行前後の行動状況であるいわゆる前足・後足，動機となる金銭に窮していた事実，犯行日時において犯行が可能であった状況等も加われば，より一層説得力のある請求になるものと思われます。

第2編　逮捕

■ 審査側の留意点

　近年，防犯カメラの機能の向上，設置場所の増加等から，犯行状況に関する重要な証拠として，防犯カメラの映像が利用されることが多くなってきており，100枚の捜査報告書よりも1枚の画像といわれるように，捜査機関もこれにかなり依存してきているように思われます。しかし，防犯カメラの画像といっても，その性能によって画像のかなり粗いものもあり，無理をした解析結果から認定を誤るようなこともあり，これが誤認逮捕につながり問題となったケースもあります。ですから，元々の画像の精粗にもよりますが，それらの解析結果については十分な検討が必要になるものと思われますし，ある程度信用できるとしても，それは，ほかの証拠関係と総合考慮するための一資料に過ぎないものとするべきではないかと考えます。

第4 被疑事実

1 被疑事実の擬律判断

> 問題16
> 被疑者が，被害女性の臀部をスカートの上から1回手で触ったという事案について，被疑事実を暴行罪として逮捕状を請求した場合，逮捕状の発付は認められるか。

■ 結　論

暴行の程度にもよりますが，本設問では，認められないものと思われます。

■ 理　由

本設問は，いわゆる迷惑防止条例違反での立件が検討されたのですが，犯行場所が公共性に疑義があったため，被疑事実を暴行罪に切り替えたという事案です。

本設問のように，女性の臀部をスカートの上から1回手で触るという行為は，形式的には，人の身体に対する有形力の行使であるとはいえますが，このような軽微な行為が果たして暴行罪にいう暴行と評価することができるかは難しいものと思われます。裁判例によれば，比較的軽微な暴行としては，痰や唾を吐きかけるほかに，食塩を顔や胸にふりかける（福岡高昭46.10.11），糊の付いた刷毛を振って顔面等に糊を振りかける（松江地昭50.8.19）等があります。福岡高裁の上記裁判例は，人の身体に対する有形力の行使として単に不快嫌悪の情を催させる行為も暴行に当たるとしていますが，仮に食塩が目に入れば眼球等に炎症を惹き起こすこともあり得たのであり（上記松江地裁の事例は糊が眼球に付き角膜炎を発症），傷害の結果を惹き起こしかね

ない暴行という見方もできます。

　学説によっては，傷害の結果を生じさせるおそれがない物理力の行使であっても直接人の身体に加えられれば暴行罪にいう暴行であると説くものもありますが，この点，ごく軽く身体に触れる程度のものについては，例えば，酒に酔って公衆に迷惑をかける行為の防止等に関する法律4条1項にいう『著しく粗野又は乱暴な言動』や本設問のような『痴漢行為』等との限界に留意する必要がある旨の指摘がなされているものもあります。

　やはり，本設問のような行為は，その実態としては，いわゆる迷惑防止条例にいう痴漢行為であり，暴行罪にいう暴行と評価するのは難しいのではないかと思われます。

2　被疑事実中にある被疑者の発した文言

> 問題17
> 　詐欺，恐喝等で，被疑者の発した文言が実行行為となっているような犯罪で，被疑事実の要旨として言動を記載する上で留意すべき点は何か。

■ 留意点

供述証拠等に表れた被疑者の発した文言の趣旨を記載したものか，その具体的な文言をそのまま引用して記載したものかを明確にすべきです。

■ 問題意識

詐欺や恐喝等の事件の被疑事実で，よく見られるのですが，被疑者の欺罔文言や脅迫文言について，供述証拠等に表れた生の文言をその

まま記載しているのか，その趣旨を記載しているのか判然としないものがあります。

例えば，詐欺の被害者供述調書に，被疑者が被害者に対し「10万円お支払い頂ければ，特別会員となり，ロトシックスの当選番号のお知らせを事前に受ける権利が得られます。」と申し向けた記載がある場合，被疑事実として，

　　　「10万円払えば，特別会員となり，ロトシックスの当選番号を事前に知る権利が得られる」旨嘘を言い

であれば，その欺罔文言の趣旨を記載しているのでよいのですが，

　　　「10万円お支払いくだされば，特別会員となりますので，ロトシックスの当選番号を事前にお知らせすることができます。」と嘘を言い

ですと，会話調である上，文言の後が「旨（嘘を言い）」ではなく「と（嘘を言い）」との記載になっていることから，文言の趣旨を記載したものと見ることはできませんし，被害者供述調書に表れた具体的な文言とも異なることになります。

文言の趣旨自体としては誤っているわけではありませんが，少なくとも被害者供述調書から読み取れる実際の具体的な文言があり，被疑事実の文言としても具体的な会話調で記載するのであれば，一言一句被害者供述調書と合っていないと，証拠に基づかない請求者側の作文となってしまいます。

■ 請求側・捜査側の留意点

文言の趣旨を記載するのか，それとも具体的な文言を引用して記載するのか，その方針を明確にしておかないと，一つの被疑事実の中で混在した記載になってしまうことがあるので，注意が必要です。

審査側の視点

被疑事実は「要旨」であること，文言が被害者供述調書と多少異なっても，その趣旨において大きな違いが生じているわけではないことなどからすれば，上記例のような具体的文言の違いの程度であれば，仮に被疑事実の一部が請求者側の作文になっているところがあっても，その訂正をしなかったからといって直ちに請求を却下しなければならないというものではないかも知れません。

しかし，令状請求のような厳格な運用をもって臨むべき手続については，請求側を指導する意味においても積極的に指摘し訂正を求めるべきではないかと思います。

3 被疑事実の特定の程度

問題18

覚せい剤使用の事案で，逮捕状を請求するに際し，被疑事実の要旨を「被疑者は，法定の除外事由がないのに，平成30年8月17日頃から同月23日までの間，東京都内又はその周辺において，覚せい剤であるフエニルメチルアミノプロパン若干量を自己の身体に摂取し，もって覚せい剤を使用したものである。」とした場合，被疑事実は特定しているといえるか。

結論
特定しているといえます。

解説
逮捕状請求の段階は，公訴提起の段階と異なり，未だ捜査が十分に尽くされているわけではありませんから，事実の特定が十分にできな

い場合もあります。それでも逮捕の理由と必要性が認められる場合には，逮捕状請求の段階で証拠上認められる限度であれば，被疑事実の特定は十分と考えてよいものと思われます。また，特に，本設問にある覚せい剤の単独使用のように，使用日時，使用場所，使用量等の使用状況について第三者の目撃者もなく客観証拠も薄く密行性の高い事案では，捜査を尽くしてなお，ようやく逮捕状記載の被疑事実の幅で事実を認めることができるというものも少なくありません。この点，逮捕状の被疑事実ではなく起訴状記載の公訴事実についての判断ですが，判例においても「昭和54年9月26日ころから10月3日までの間，広島県a郡b町内及びその周辺において，覚せい剤であるフエニルメチルアミノプロパン塩類を含有するもの若干量を自己の身体に注射又は服用して施用した」という公訴事実について，「日時，場所の表示にある程度の幅があり，かつ使用量，使用方法の表示にも明確を欠くところがあるとしても，検察官において起訴当時の証拠に基づきできる限り特定したものである以上，覚せい剤使用罪の訴因の特定に欠けるところはない」と判示しているものがあります（最一決昭56年4月25日刑集35巻3号116頁）。公訴事実の特定でさえ，このような判断がなされているのですから，未だ捜査が尽くされていない逮捕状請求時の被疑事実においては，本設問の程度の被疑事実であれば，十分に認められるといえますし，実務においても異論のないところだと思います。

　なお，本設問の被疑事実のうち，期間について，その始期である「8月12日」には「頃」が付いていて，終期である「23日」に「頃」が付いていませんが，終期は，被疑者が尿を提出するなど時期が特定されているから「頃」が不要となるのであり，始期は，覚せい剤の体内代謝の期間から推計して1週間程度さかのぼらせているので，その幅を

第2編　逮捕

持たせて「頃」を付けています。その意味で，採尿状況報告書等は，採尿の確実性や適法性を疎明するのみでなく，使用期間の終期の特定のための疎明資料としても必要となります。また，使用場所については，その特定された使用期間に，被疑者がどこにいたのか，被疑者供述や被疑者の住居に関する資料は最低限添付するのがよいと思いますし，事前の十分な捜査ができる事等については，携帯電話の通話履歴，行動確認に関する報告書等の疎明資料をその裏付けとして請求書に添付すべきでしょう。

4　被疑事実の誤記と逮捕状の効力

問題19

被疑事実が「被疑者は，平成30年10月1日午前2時30分頃，茨城県○○村○○大字15番地田○一郎方前路上において，小○太郎（当時65歳）に対し，右手拳で同人の左頬部を1回殴打し，同人に加療約1か月間を要する左頬骨々折の傷害を負わせたものである。」となるべきところ，以下の誤記があった場合，逮捕状の効力に影響を与えるか。

犯行場所について
　・　「大字」の記載が欠けていた場合
　・　番地が「16」となっていた場合

被害者について
　・　氏名が「小○太朗」となっていた場合
　・　年齢が「当時66歳」となっていた場合

■結　論

　いずれの誤記も逮捕状の効力に影響はありません。誤記が判明したのが，逮捕状の執行前であれば，そのまま執行できますし，逮捕後であれば，そのまま勾留請求できます。

■解　説

　本設問の犯行場所の記載で，「大字」が欠けていたとしても，ほかの所番地で，犯行場所は十分に特定されています。また，番地が本来の15でなく16となっていても，本来の15番地所在の田○一郎方前路上という事実から15番地の誤記であることは明白ですし，仮に，田○一郎方前路上という記載がなかったとしても番地が一つずれているに過ぎませんので，まさにその付近で，その発生日時頃，その犯罪事実が発生したのは，本件であると特定できますので，逮捕状の効力に影響を与える誤記とまではいえません。

　被害者の氏名についても，太郎の「郎」の字が「朗」とされているに過ぎず，被害者の年齢についても1歳違いの誤記です。これらの程度の誤記では，本件の被害者と別人であるということまではいえないと思います。

■請求側・捜査側の対応

　微妙な場合もあるので，ここまでなら大丈夫ということはなかなか言い切れません。ですから，執行前に判明した場合は，原則として再請求をするという方が無難であるという考え方もあります。しかし，もう一つの考え方として，令状請求をした警察において，その令状の効力に影響があるか判断しかねる場合に，事件を担当するであろう検察官に相談するなり，その令状を発付した裁判所に連絡して，裁判官に聞いてみるなりするのも一つの方法かと思います。この場合でも，

第2編　逮捕

回答できないと断られることもあるかも知れませんし，仮に回答を得たとしても，最終的には，その令状の適法性等を審査することとなる検察官や裁判官の個別具体的な判断とはなりますが，少なくとも，一般論としての回答が得られることもありますし，それにより，不要な又は相当でない令状の再請求も避けることができることもあると思います。

5　過剰な特定

> 問題20
>   不正に入手した10枚のクレジットカードを利用して，前後10日間に30回にわたり繰り返し商品を詐取した詐欺事件の被疑事実について，別紙一覧表を添付した上，同一覧表の「使用したクレジットカード」欄に，「株式会社○○発行のA名義のクレジットカード（カード番号 XXXX-XXXX-XXXX-XXXX）」と記載されていたが，この場合，カード番号の記載まで必要か。

■結　論
必要ないものと思われます。

■理　由
　被疑事実の特定は，令状請求の段階で，捜査資料からできるだけ特定した方がよいのは確かです。しかし，それにはやはり妥当な特定の程度というものがあります。その妥当な特定の程度とは，**他の事実と誤認混同を生じない程度の特定**ということになります。

　被疑事実は，犯罪構成要件に該当する具体的事実を犯罪構成要件に当てはめて記載していけばよいわけです。つまり，

① 犯罪の主体・・・誰が
② 共犯関係・・・誰と又は単独で
③ 原因・動機・・・なぜ
④ 犯罪の日時・・・いつ
⑤ 犯罪の場所・・・どこで
⑥ 犯罪の客体・・・誰に，何を
⑦ 犯罪の手段・・・どのような方法で
⑧ 犯罪の結果・・・何をしたのか

の以上の要素となります。これらの要素についての事実の具体性の程度が，本設問で問題となっているところです。

　本設問では，使用されたカードの特定としては，発行会社と名義があれば特定としては十分であり，それ以上，カード番号までは必要ありません。有害的な記載とまではいいませんが，記載することによる弊害は少なくありません。請求側としてみても，記載間違いを起こし易くなりますし，審査側としても迅速かつ適正な令状審査にとって必ずしも好ましいとはいえません。被疑事実として記載されている以上，全てに審査が及びますから，それだけで迅速な処理の妨げとなりますし，また，とかく請求や審査の場では，被疑事実が詳細になればなるほど，その事実に間違いがないか精緻なチェックをする傾向があるため，カード番号まで記載した場合でも誤りが発生することはさほど多くはありませんが，その審査に注意が行き過ぎた結果，他の大きな過誤を看過するという危険性も否めません。

　結局，本設問のようなカード番号は，記載されていること自体が事実の特定の妨げになるどころか，より特定はしているけれども，上記のような弊害を生むおそれのある「過剰な特定」というべきであり，

原則として必要はないということになると思われます。
　なお，これは，あくまで被疑事実についていえることであり，差し押さえるべき証拠物の特定という意味では必要になってくる特定事項であることはいうまでもありません。

第5 逮捕の必要性
1 犯罪発覚後、相当期間を経過しての逮捕状請求

> 問題21
> 被疑者の尿から、α-PVP の成分が検出された旨の鑑定書があるが、その鑑定書が作成されたのが3か月前のものである場合、逮捕状の請求に当たり留意すべき点は何か。

■ 結 論

逮捕の必要性の有無に留意すべきです。

■ 解 説

発覚した犯罪の事案の軽重にもよりますし、また、捜査の実情としてみた場合、捜査官署が管轄する地域での他の事件の発生状況等捜査の繁忙度にも大きく影響してくるところではありますが、そうはいっても、犯罪発覚後、いつでも逮捕状を請求してもよいというものではありません。

被疑者に住居があり、請求までの期間に、罪証隠滅や逃亡の気配がなく、その後もそれらのおそれがほぼ認められないというケースでは、その期間が長期化すればするほど、逮捕の必要性は低くなっていくということもいえますし、請求までの期間の長短は刑訴規則143条の3に規定する逮捕の必要性の判断基準としての「その他諸般の事情」として考慮されるものと考えられます。

本設問の事例は、いわゆる危険ドラッグの使用事案であり、近年社会問題となっていることに加え、こうした薬物使用による重大交通事故の発生等、社会に与える影響も大きく、その犯罪結果が重大であることも多いことから、処罰の厳罰化が進んでいること、事案の性質上、

密行性の高い薬物犯罪であり罪証隠滅が比較的容易であることなどから，一般的に，逮捕の必要性が高いものと思われます。個々の具体的事案にもよりますが，本設問のような薬物使用の事案では，尿鑑定から逮捕状の請求まで3か月経過したということだけでは，単に立件を忘れて事件を放置したような場合を除いて，直ちに明らかに逮捕の必要がないとはいえないものと思われます。

いずれにしても，期間の経過は，逮捕の必要性判断に影響を与えるので，請求に当たっては慎重で速やかな対応が必要になります。

2　比較的軽微な事件の被疑者が捜査機関の出頭要請に応じない場合の逮捕の必要性

問題22
　一般道で時速25キロメートル超過の速度違反をした道路交通法違反の被疑者が，反則金を納付しないまま，警察官からの3回にわたる呼び出しに，何らの理由も告げずに出頭しない場合，逮捕の必要性は認められるか。

■結　論
住居や職業等の諸般の事情を総合考慮した上で，逮捕の必要性が認められる場合があります。

■説　明
本設問のような比較的軽微な道路交通法違反は，そもそもの法定刑も懲役6月以下又は罰金10万円以下と低く（道交法22条1項，118条1項1号），その速度も一般道で時速25キロメートル超過ですから本来反則事件ですが，被疑者が告知通告を無視し，反則金を納めずにいる

などのケースでは，その後の任意の呼び出しにも応じないということも少なくありません。そこでこうした被疑者については，逮捕をすべきかを検討しなければならなくなるわけですが，このような場合，逮捕の必要性の観点から，正当な理由のない不出頭（以下，特に断らない限り「不出頭」という。）をいかに考えるかについては，大きく分けて従来から以下のような考え方があります。

　A説：罪証隠滅又は逃亡のおそれとは別に，不出頭それ自体で逮捕の必要性が認められるとするもの
　B説：不出頭の回数が増えていくに従い，罪証隠滅又は逃亡のおそれが高まり，逮捕の必要性も強くなるとするもの
　C説：不出頭は逮捕の必要性を認める事由にならないとするもの

刑訴規則143条の3において「被疑者の年齢及び境遇並びに犯罪の軽重及び態様その他諸般の事情に照らし，被疑者が逃亡する虞がなく，かつ，罪証を隠滅する虞がない『等』明らかに逮捕の必要がないと認めるときは，逮捕状の請求を却下しなければならない。」と規定されていますが，A説によれば，この『等』があるのは，逮捕の必要性の判断基準として逃亡又は罪証隠滅のおそれのほかにも，正当な理由のない不出頭等これに準ずる事情がある場合をも含む趣旨であるとされ，この考え方によれば，不出頭により逮捕の必要性が認められることになります。

しかし，このA説の考え方には否定的な見解が多いです。B説によれば，『等』については，逃亡又は罪証隠滅のおそれはないが，被疑者を逮捕してまで取り調べることが健全な社会常識に照らして明らかに相当性を欠くと認められるような特段の事情が存在する場合を指しているものと考えることになります。

このB説の考え方によれば，不出頭は直ちには逮捕の必要性を認める事情にはなりません。ただし，正当な理由のない不出頭は，逃亡又は罪証隠滅のおそれを推測する一つの徴表たる事実であることは間違いないので，こうした不出頭を何度も繰り返すようであれば，その回数によっては逃亡又は罪証隠滅のおそれが強くなるものと考えられるので，逮捕の必要性を認める事情の一つになり，これに被疑者の生活状況や職業の有無等のほかの事情を併せて考慮し逮捕の必要性が認められることもあるということになります。
　他方，C説によれば，不出頭は逮捕の必要性とは一切関連しないという考え方になりますが，これは理論上も実務的にも妥当とは言い難いというべきでしょう。
　判例によれば，旧外国人登録法違反（指紋押なつ拒否事件）で逮捕された外国人が逮捕されたことを違法として国家賠償法に基づき損害賠償を請求した事件で，警察官から5回にわたり任意出頭を求められたにもかかわらず，正当な理由なく出頭せず，被疑者の行動に組織的な背景が存することがうかがわれるなどした事情があったことから，明らかに逮捕の必要がなかったとはいえない旨判示していますが（最判平10.9.7裁判集189.613），これはB説の見解と概ね同じものだということができます。
　従前の実務も概ねB説の見解によってきたものと思われます。

■ 請求側・捜査側の留意点

　逮捕の必要性を認める一つの事情となる程度に至る不出頭の回数は，実務的には，4～5回，少なくとも3回は必要だと考えられています（前掲判例の事案では5回です。）。ですから，呼出の経緯，不出頭の結果，その間に被疑者から何らの連絡がないなどの被疑者の対応

等を記載して報告書にするとともに，これに，呼出状の写し，地域課警察官への調査依頼とその調査結果，電話聴取報告書等の疎明資料を添付するなどして，その不出頭状況を明確にしておくことが望ましいといえます。また，上記報告書に，不出頭状況に加え，被疑者が暴言を吐くなどし強硬に出頭を拒絶している態度，そのほかの逮捕の必要性（単身であり定職がないこと，職業運転手であり免許取消し等の行政処分を受け解雇されるおそれがあること，経済的に破綻していることなど）について判明している限りで記載しておくと，さらに参考になるものと思われます。

第2編　逮捕

第6　引致
1　逮捕後の引致場所と留置場所の関係

> 問題23
> 　逮捕後の被疑者の引致場所と留置場所の関係はどのように考えたらよいか。

考え方

原則として引致場所が引き続き留置場所となり，実務的にもそのような取扱いが多いですが，場所的に一致することが法律上要求されているわけではありません。

解　説

逮捕後の引致とは，被疑者を逮捕した後，被疑者の留置を続けるか直ちに釈放するかを判断する者に，その身柄を強制的に連行することです。引致すべき機関としては，検察事務官が逮捕した場合は，検察官，司法巡査が逮捕したときは司法警察員であり，その引致すべき機関が所属している庁が引致場所となり，その引致場所が，そのまま留置場所となることが多いですが，引致場所と留置場所が一致していることが法律上要求されているわけではありません。

　ただ，引致場所については，裁判官の判断を経て逮捕状にも明記されており，弁護人の選任又は接見等といった被疑者の防御権等の観点から，引致場所がそのまま留置場所になることが望ましいと考えられています。検察庁のように独自の刑事収容施設をもっていない場合は，そもそも最初から引致場所と留置場所は異なっていることが前提になっていますし，引致場所に被疑者を留置した後，事件関係者が収容されていることが判明するなどし，被疑者の収容継続に支障がでて

くるなどした場合，引致場所と留置場所を異なる場所にする必要が出てきます。

この場合には，特に裁判官の許可なく，引致場所と異なる刑事収容施設に留置することができます（最決39．4．9刑集18．4．127）。

ただし，裁判官の許可が必要ないといっても，既に述べたように，被疑者の防御権等の観点からして，合理的な理由もなく徒に引致場所と異なる刑事収容施設を留置場所としてよいものではありません。上記判例も無制限に許しているものとは思われませんので注意が必要です（被疑者の所在の変更全般については，本書28頁参照）。

2　引致場所の変更請求

問題24
逮捕状が発付されたが，被疑者を逮捕する前に，逮捕状記載の引致場所を変更する必要が生じた場合には，どのようにしたらよいか。

■結　論
引致場所変更請求書を，発付済の逮捕状の原本とともに裁判所に提出して，引致場所の変更請求をします。

■解　説
逮捕状は，裁判官が判断した内容を示す裁判書ですから，逮捕状の記載事項の変更は，成立した裁判の内容の変更ということになり，原則として許されません。しかし，逮捕前に引致場所を変更する程度であれば，刑事手続の安定を害することもないので，変更することはできると考えられています。なお，被疑者を逮捕した後は，被疑者を逮

第2編　逮捕

捕状記載の引致場所まで引致することが逮捕状の執行であり，引致場所を変更するという余地はなくなります。その場合には，引致場所の変更ではなく，引致後の留置場所の変更ということになります（本書29頁参照）。

　さて，発付済の逮捕状でも被疑者の逮捕前であれば，引致場所の変更ができるとして，それはどのような場合であり，どのような手続が必要になるでしょうか。

　例えば，被疑者Aを甲警察署に引致することとして，逮捕状請求時に，その引致場所を「甲警察署又は逮捕地を管轄する警察署」として請求し，その請求どおりの逮捕状が発付されたとします。ところが，その逮捕状が発付された後，共犯者Bが乙警察署で逮捕されたため，乙警察署に捜査本部が置かれるなどしたことから，被疑者Aを甲警察署ではなく，乙警察署に引致したいというような事情が生じた場合等が考えられます。

　このような場合，引致場所変更請求書（司法警察職員捜査書類書式例様式第12号）を，発付済の逮捕状とともに裁判官に提出して引致場所の変更請求をすることになります。このとき，変更請求書の謄本1通と，これに加えて，変更の必要性を示す疎明資料も併せて提出します。変更請求の請求者は，通常逮捕状の請求権者に限られるわけではありませんが，犯罪捜査規範によれば，元々の逮捕状を請求した指定司法警察員かそれに代わるべき指定司法警察員ということになります。請求先も，同規範によれば，元々の逮捕状を発付した裁判官かその裁判官が所属する裁判所ということになりますが，やむを得ない場合は，他の裁判所の裁判官でもよいとされています（請求者，請求先のいずれも犯罪捜査規範124条）。また，逮捕状が数通発付されている

場合は，全ての発付済の逮捕状を変更請求書とともに提出しなければなりません。

　こうして，引致場所の変更請求がなされ，裁判官が，その変更請求に理由があると認めた場合は，逮捕状の原本の余白部分に「引致場所に甲警察署とあるのを乙警察署に変更する。」とか，単に「引致場所を乙警察署に変更する。」等と付記して，変更決定の日付と，裁判所名と裁判官の記名押印をするか，または，同趣旨の引致場所変更許可決定書を作って逮捕状原本に添付して契印するなどします。

第2編　逮捕

第7　有効期間
1　7日より短い有効期間の逮捕状発付の可否

> 問題25
> 　別件で勾留中の被疑者につき，3日後に釈放再逮捕予定であるとして，有効期間を3日とする逮捕状の請求について，3日を有効期間とする逮捕状を発付することはできるか。

■結　論

本設問の事例では発付できません。この場合，7日を有効期間とする逮捕状を発付することになります。ただし，公訴時効完成が7日より短い場合は，有効期間を公訴時効完成日の前日までの日数としなければなりません。

■理　由

逮捕状には，有効期間を記載しなければなりません（刑訴法200条1項）。その有効期間は，刑訴規則300条によれば，「令状発付の日から7日とする。」と定められています（なお，この条文をそのまま読むと，有効期間の起算日は，発付初日も含まれるようにも読めますが，初日は不算入（刑訴法55条1項）です。）。ここにいう有効期間とは，当該令状によって適法に令状の執行に着手できる期間をいいます（東京高判昭30．6．30）。有効期間が，このように比較的短い7日とされているのは，逮捕状を発付した以上，直ちに執行を求めるのでは，捜査機関に無理を強いることになりかねないことからある程度の時間的余裕を持たせる必要があり，他方で，その程度の期間であれば，裁判官が審査した結果である嫌疑の相当性や逮捕の必要性が大きく変動することもないからであると考えられています。

令状の有効期間を7日と定めた趣旨が前述した理由によることに加え，刑訴規則300条が，7日を超える有効期間を定めることができるとする一方で，7日より短い期間を有効期間とすることができることについて何らの定めをおいていないことからすると，原則として，7日より短い有効期間で逮捕状を発付することはできないものと解するべきでしょう。

　したがって，本設問のような場合には，必ずしも必要的ではありませんが，実務上は請求者側に短い有効期間の削除を求めるなどした上で，その他の逮捕の理由や必要性が認められる限り，有効期間を7日として逮捕状を発付することとなります。

　なお，例外として，7日で有効期間を定めると，公訴時効完成に至るような場合は，公訴時効完成日の前日を有効期間の満了日とすることで7日より短い有効期間とすべきです。公訴時効が完成した後は，公訴の提起，維持，遂行ができなくなります。そうすると，捜査の目的が消失し，もはや被疑者の逮捕もできなくなるので，有効期間はこれを超えることはできないということになります。

　これは，7日より短い有効期間だけの問題ではなく，これより長い有効期間，例えば，逮捕状の更新請求に際し，有効期間を3か月としても2か月で公訴時効が完成するような場合であっても同様に，公訴時効完成日の前日までとしなければならないことはいうまでもありません（本書10頁参照）。

2　7日より短い有効期間の逮捕状の効力

問題26
　7日より短い4日の有効期間で発付された逮捕状は有効か，有効である場合の有効期間は何日か。

■結　論

逮捕状自体は有効です。

有効期間は逮捕状に記載された4日とみるべきでしょう。

■理　由

　逮捕状を始めとする令状は，公訴時効の期間が7日より短い場合の例外を除き，7日より短い有効期間を定めることはできないと考えられています（本書76頁参照）。

　しかし，仮に，これに反して，本設問にあるように7日より短い有効期間である4日で逮捕状が発付された場合でも，逮捕状自体が無効になるものではなく，したがって，その逮捕状による逮捕も有効になし得るものと考えられます。

　また，上記逮捕状で，逮捕状記載の有効期間経過後，7日までの間に，逮捕した場合に，その逮捕は適法か否かが問題となります。刑訴規則においては，最短で7日と定められているのですから，それより短い期間が定められていても7日は有効であるとする考え方もあります。確かに，7日より短い有効期間の記載が令状の効力に影響を与えず，その期間の記載のみが認められないとの考えによれば，否定された有効期間の記載は，法令によることとなるでしょうから，有効期間を7日とすることも考えられます。

　しかしながら，上記逮捕状には，明確に有効期間が4日と記載され，

有効期間経過後は，当該逮捕状では逮捕に着手することができず，裁判所に返還しなければならないとされているのであり，その逮捕状の記載内容に従うのが誰の目から見ても明白で間違いがないといえること，解釈上に疑義があるとしても，当該令状を発付した裁判官は，令状審査に当たり個別の令状請求事件の事案の内容等を検討し7日より短い有効期間で十分であると判断し，あえて有効期間の短い令状を発付したのであり，その個別事案の判断を尊重すべきであること，刑訴規則300条の定めがあっても，前設問の解説のとおり，公訴時効が完成するときは，7日より短い期間を定めることになり，特別の事情がある場合に，7日より短い期間を定めることが全くできないとは解されていないこと，このように解しても被疑者に特段不利益になることはないことなどから，逮捕状に記載された有効期間が7日より短い期間であった場合，これを有効期間とし，本設問の場合であれば，有効期間は4日とみるべきでしょう。

　そのように考えた場合，その期間経過後の逮捕はもはやできないと考えるべきではないかと思います。

第2編　逮捕

第8　刑訴規則142条1項8号
1　刑訴規則142条1項8号の記載事実の審査の観点

> 問題27
> 　刑訴規則142条1項8号の記載事実には，本件犯罪事実との関係で「同一の犯罪事実」と「現に捜査中の他の犯罪事実」があるが，それぞれ，どのような観点から審査されており，どのような場合に逮捕状の発付が許容されるのか。

■解　説

　刑訴規則142条1項8号が「同一の犯罪事実」や「現に捜査中である他の犯罪事実」について記載を求めている趣旨は，逮捕の蒸し返し等の濫用的な逮捕を防止することにありますが，それぞれの事実についての裁判官の具体的な審査の観点と逮捕状の発付が許容される場合というのは，次ページの「刑訴規則142条1項8号の記載事実と審査の観点一覧表」（以下「審査一覧表」という。）を見ていただくと分かり易いと思われます。

刑訴規則142条1項8号の記載事実と審査の観点一覧表

本件請求以前の犯罪事実との関係	令状発付済み・請求却下の別	審査の観点	逮捕状の発付が許容される場合
① 同一の犯罪事実	①-1 発付済み (現行犯逮捕を含む。)	本件と同一の犯罪事実につき，特段の事情がないのに再逮捕しようとしていないかなど	・逮捕中に被疑者が逃亡した場合 ・釈放後に新証拠が発見された場合 ・逮捕状の更新等
	①-2 請求却下 (撤回を含む。)	前の裁判官に却下され又は撤回した直後に，その事由が改まってないのに別の裁判官に請求していないかなど	・却下後，新証拠を発見し，理由の相当性が認められる場合 ・却下後，必要性の事情が変わった場合等
② 現に捜査中の他の犯罪事実	②-1 発付済み (現行犯逮捕を含む。)	実質上同一か又は無理なく同時捜査可能な数個の犯罪事実を細分化し逮捕を繰り返していないかなど	・実質上同一とは言えない ・同時捜査をすべきまでの事情はないが困難
	②-2 請求却下 (撤回を含む。)	却下又は撤回された別件について，本件の軽微な事件を利用して捜査しようとしていないかなど	・本件について理由及び必要性あり

第2編　逮捕

　審査一覧表のうち，①−1については，本件逮捕状請求に係る事件と同一の犯罪事実ですから，逮捕が繰り返されていれば，逮捕・勾留の期間を潜脱することにもなりますので，逮捕状の再発付にあたっては，特段の事情があり，これが合理的と認められるかを審査することになります。再発付が許される典型的な場合が，いわゆる逮捕状の更新です。被疑者が逃亡するなどして有効期間内に逮捕状が執行できなかったことを理由として，同一の犯罪事実について逮捕状の再発付を請求する場合ですが，これが認められることについて異論はありません。また，検察官が犯罪の嫌疑が十分でないとして被疑者を釈放したような場合で，新たな証拠が発見され嫌疑が十分認められるようになった場合も，同一の犯罪事実についての逮捕状の再請求は認められます。また，本来緊急逮捕すべきところ現行犯逮捕したような場合や，緊急逮捕の逮捕状請求が直ちに行われていないなど緊急逮捕の手続に違法があって，検察官の判断により，被疑者を釈放して，同一の犯罪事実について逮捕状を請求して検察官自らが逮捕（いわゆる検逮）する場合も逮捕状の発付は認められます。ただし，このような場合は，最初の逮捕から勾留請求までの72時間の制限を超えないように注意する必要があります。

　審査一覧表のうち，①−2については，逮捕状の請求自体が却下され又は撤回されているので，現に逮捕状は発付されておらず，逮捕の蒸し返しということはありませんが，濫用のおそれはあります。

　例えば，A地方裁判所の裁判官により嫌疑の相当性が認められないことを理由として却下されていたにもかかわらず，新証拠発見等の事情変更が全くないまま，却下された直後にB簡易裁判所の裁判官に，同一事実について逮捕状を請求したということになれば，嫌疑の相当

性についての判断漏れなどを狙って逮捕状の請求をしたと疑われる場合もあります。そうなってくると，逮捕権の濫用の可能性があるということになりますので，同一の犯罪事実について請求却下や撤回があった場合には，やはりその事実を審査の対象にしなければならず，本号は，その事実の記載を要求しているわけです。

　審査一覧表の②－1については，例えば，空き別荘侵入の邸宅侵入窃盗事案について，邸宅侵入で逮捕・勾留した後，処分保留で釈放し，同一侵入場所の同一機会における窃盗で逮捕状を請求する場合，邸宅侵入は，不起訴処分となっておらず現に捜査中であるといえますし，窃盗との関係では牽連犯として科刑上一罪となりますが，他の犯罪事実となりますので，本号で記載が必要となる事実です。

　最初から邸宅侵入窃盗の事実が捜査機関によって容易に判明していながら，邸宅侵入で逮捕・勾留し，さらに窃盗で逮捕することが法定の逮捕・勾留の期間の潜脱になることは明白であり，このような場合は窃盗の逮捕状請求は認められません。他方で，邸宅侵入で逮捕・勾留の上，取調べにより，被疑者からその侵入目的について雨風をしのぐためと供述を得ており，窃盗について特段の証拠もなかったところ，その後，金品窃取の被害事実が判明したような場合等でその他の事情と相まって，無理なく同時捜査が可能であったとはいえないと認められるようであれば窃盗による逮捕状の発付が認められることがあります。

　最後に，審査一覧表の②－2ですが，これは，いわゆる別件逮捕を想定しているものです。例えば，殺人事件で逮捕状を請求したけれども，犯人性の証拠が十分でないことから逮捕状請求を却下された後に，比較的軽微な自転車の占有離脱物横領で逮捕状を請求するような場合

です。この場合，逮捕状請求を却下された殺人事件について本号の記載が必要となります。この点，事例の殺人事件については逮捕状が発付されなかったので少なくとも対人強制捜査には至っていませんが，いったん捜査を打ち切ったように見えても，証拠があればすぐに再捜査になるような事情があり，主観的に捜査の断続が疑われるような事実についても記載しておくべきです。

2 刑訴規則142条1項8号の記載の程度と資料の程度

問題28
　逮捕状請求書には，刑訴規則142条1項8号の事項を記載しなければならないが，どの程度の記載を要し，これについてどの程度の資料を提供した方がよいか。

■解　説

　刑訴規則142条1項8号が逮捕状請求書に，「同一の犯罪事実又は現に捜査中である他の犯罪事実について，その被疑者に対し前に逮捕状の請求又は発付があったときは，その旨及びその犯罪事実（以下「8号記載事項」という。）」を記載することを要求しているその趣旨は，同一の犯罪事実につき特段の事情がないのに再逮捕をし，又は数個の犯罪事実つき同時捜査が可能であるにもかかわらず，順次逮捕と釈放を繰り返し，いわば逮捕の蒸し返しをするなど濫用的な逮捕が行われないように，逮捕状請求に際して裁判官に審査をさせるところにあります。

1　記載の程度
(1)　「同一の犯罪事実」について

上記趣旨からすれば、「同一の犯罪事実」については、単に「同一の犯罪事実」と記載すれば足ります。例えば、いわゆる逮捕状の更新の場合であれば「平成○○年○月○日○○簡易裁判所裁判官から、同一の犯罪事実について逮捕状の発付を受けたが、被疑者が所在不明であり、有効期間内に執行できる可能性が薄いため。」等とすればよいわけです。あえて、その「同一の犯罪事実」について、日時場所等をあらためて記載したり、別紙引用したりする必要はありません。当然のことですが、更新請求の被疑事実を見れば、その内容は明らかだからです。ただし、同一性が認められる範囲で、被疑事実を変更している場合は、同一性の評価についても審査の対象になるので、変更前の事実について、日時場所、実行行為、発生結果等を記載するなり、変更前の逮捕状請求書に記載された被疑事実の要旨を引用するなどした方がよい場合もあります。

(2) 「現に捜査中の他の犯罪事実」について

　ところが、「現に捜査中の他の犯罪事実」の場合は、そのようなわけにはいきません。例えば、「現に捜査中の他の犯罪事実」について「別件窃盗で逮捕されたことあり」と記載されているのみで、具体的な事実の記載がない場合は不十分ということになります。

　前述したとおり「現に捜査中の他の犯罪事実」を記載させる目的は、本件の請求事件と実質的に同一か又は無理なく捜査可能である数個の犯罪事実を細分化して捜査していないかなどを裁判官に審査せしめるところにあります。そうであるならば、単に「別件窃盗」としても、本件逮捕状請求事件との関係で、どう別件なのか全く分からないことなります。したがって、必ずしも被疑事

実の要旨と同程度まで記載する必要はありませんが，日時場所，実行行為，発生結果，逮捕状が発付された場合は発付裁判所等を記載することが必要となります。実務的には，本件逮捕状請求事件以前の逮捕状請求書記載の被疑事実の要旨を引用することが多いようです。

2 提供することが望ましいと思われる資料

　法令上，8号記載事項について疎明資料の提供まで明示的に求められているわけではありませんが，以下の資料が提供されると分かり易い請求になります。「同一の犯罪事実」及び「現に捜査中の他の犯罪事実」のいずれについても，

　① 逮捕状の写し（逮捕状が発付されている場合）
　② 逮捕状請求書の写し（却下又は撤回の場合）
　③ 逮捕手続書の写し，逮捕に係る捜査報告書

等が考えられるところです。なお，8号記載事項には，現行犯逮捕も含めるべきと考えられており（詳細は，次の問題29），その場合は③のうち，現行犯人逮捕手続書の写しが資料の一つになり得ます。

3 刑訴規則142条1項8号の事項に現行犯逮捕は含まれるか

> 問題29
> 　刑訴規則142条1項8号により記載すべき事実は，「前に逮捕状の請求又はその発付があったとき」とあるが，前の逮捕が現行犯逮捕の場合は記載しなくてもよいのか。

■結　論

記載するのが望ましいですが，記載していないことが直ちに違法と

なるものではありません。

■ 解　説

　刑訴規則142条1項8号は，同一の犯罪事実又は現に捜査中の犯罪事実について前に逮捕状の請求又はその発付があった場合に，その旨とその犯罪事実を記載することを要求していますが，被疑者が現行犯逮捕された場合に記載せよとは定めていません。ですから，現行犯逮捕については記載しなくても同号に違反したことにはなりません。しかし，同号で，逮捕状の発付等があった事実について記載を求める趣旨は，同一犯罪事実による逮捕の蒸し返しや同時処理可能な数個の事実を細分化して逮捕を繰り返すなどの濫用的な逮捕を防止することにあります。その趣旨から考えてみると，以前の逮捕が，現行犯逮捕による逮捕であっても，現行犯人としての要件に疑義があったため，現行犯逮捕と同一の犯罪事実で逮捕状を請求するというようなことはあり得るわけで，このような場合，再度の逮捕状の請求が濫用的な逮捕でないことを示す意味でも，むしろ記載するのが望ましいといえます。

　ただ，一般的に，同号の要求する記載が欠けている場合は，それだけで逮捕状の請求が違法とされ却下されることがありますが，同号は，文言として，あくまで「前に逮捕状の請求又はその発付があったとき」と定められているので，現行犯逮捕の事実について，記載が欠けていたからといって，それだけで直ちに，その逮捕状の請求を違法とすることはできないと考えられています。この場合は，同号の記載の脱漏ということではなく，実質的な観点から，濫用的な逮捕とならないかが判断されることとなるものと考えます。

第2編　逮捕

4　刑訴規則142条1項8号の事項と処分済みの他の事実

問題30
　被疑者が他の犯罪事実で逮捕・勾留されて起訴され，又は不起訴処分となり釈放された場合は，その事実は捜査中のものではなくなるので，刑訴規則142条1項8号の記載事項として記載すべきではないのか。

■結　論

　記載が禁止されているわけではありません。むしろ，記載する運用が望ましいという考え方もあります。

■解　説

　現に捜査中の他の事実で，逮捕状が発付され，又は請求が却下・撤回されたものについては，公訴が提起され又は不起訴処分で釈放されれば，捜査が尽くされて事件として終局処分されているわけであり，既に「捜査中の事件」ではなくなりますので，本号により記載を要すべき事件ではなくなります（なお，処分保留で釈放されている場合は未だ在宅で捜査中となります（東京高判昭48.10.16刑月5.10.1378））。

　しかし，本号の趣旨は，不当な逮捕の蒸し返しの防止等にあり，処分済みの他の事件を記載することを禁止しているものではないので，むしろ，裁判官の判断を十全ならしめるためには，記載する運用が望ましいとの考え方もあります。

　記載するデメリットとしては，事実が多数ある場合に請求時の処理手続が煩瑣になる，あるいは令状審査時に本来審査の必要のない余事的な記載をチェックしなければならず審査手続の迅速性や合理性を阻害するなどが考えられますが，記載の必要性や有用性の判断は令状審

査をする裁判官にあるのであり，請求者側としては，記載範囲を広くとらえた方が本号の本来の趣旨を全うする請求になりますし，審査側としても請求者側に記載の要否を絞り込ませすぎると濫用的逮捕を看過することになりかねません。

　記載しないことが本号違反とならないことはもちろんですが，結論でも挙げたように，記載する運用が望ましいとの考え方もあり，実際にそのような運用をしているところもあるようです。

第9　逮捕状の更新
1　逮捕状の更新の一般的な注意事項

> 問題31
> 　長期更新を続けている逮捕状の更新請求・審査に当たり注意すべき事項としてどのようなものがあるか。

■ 結　論

長期間更新を続けている逮捕状の更新請求には以下のような特徴があり注意を要します。

① 　殺人事件等の重大事件で記録のボリュームが厚いものがある。
② 　請求者自身が直接捜査に携わっておらず事案の詳細を把握しきれていない場合が多く，被疑事実の記載の誤りなども少なくない。
③ 　更新前の旧令状の有効期間内の捜査関係書類が薄い上，請求側及び審査側ともに判断が甘くなり易い。

■ 解　説

①については，殺人事件等の重大事件については，そもそも記録のボリュームが厚いものが多いですが，こうした事案について公訴時効が廃止又は延長されたことも手伝って，被疑者が逃亡している場合等捜査が益々長期化し，さらに記録のボリュームが増す請求が多くなってきています。

②については，当然のことですが，事件発生当時に立ち上げられた捜査本部は既に解散している上，長期間に担当者が何度も交代し，事案の詳細を承知していない者が記録を頼りに更新請求をしてくることによります。こうした事情もあり，前の令状と同じ被疑事実等を打ち直した際に打ち間違いなどがあっても，それが看過されたままとなっ

ていることがあります。

　③のうち，捜査関係書類が薄い点に関しては，長期化している事件は，本格的な捜査が事実上休止状態にあり，指名手配等を維持するために令状の有効期間を管理する程度の捜査をするに留まっている実情があります。

　また，請求側及び審査側ともに判断が甘くなり易いというのは，更新前の旧令状の理由の相当性や必要性等の中身についての審査は既にもう済んでいるというように考え気が緩みがちになるということが考えられます。

■ 請求側・捜査側の留意点

　請求側としては，海外逃亡中の被疑者についての逮捕状の更新請求のように，請求の際に，出入国状況の照会をしなければならないことなど当然分かっているようなものについては，事前に十分な期間をもって照会をしておかないと，請求時点でその回答が間に合わないということもあるので注意しなければなりません。中には，更新請求の際の被疑者の人定資料や前科等の照会がなく，旧令状請求時のそれらの写しを添付してくるものもあります。こうした請求の中には，その被疑者がいずれかで既に別件で逮捕・勾留されており，更新請求をするまでもなく，旧逮捕状の有効期間内に執行できたなどということもあります。そのような漫然とした更新請求は，職務怠慢と言われても仕方ないので，そのようなことが起こらないよう十分注意して捜査・請求にあたるべきです。

2　共犯者と被疑事実

> 問題32
> 長期間更新を続けている逮捕状の更新請求の被疑事実が，被疑者が氏名不詳者と共謀した特殊詐欺被疑事件（いわゆる振り込め詐欺等）である場合に留意すべき点は何か。

■結　論

共犯者の検挙・未検挙の別

検挙されている場合の捜査・公判状況

■解　説

　いわゆる振り込め詐欺等の事件は，特殊詐欺といわれており，通常は，共犯者の存在が多数認められる組織性の強い犯罪です。こうした事件では，現金の受け子等表に出てくる者が比較的早い段階で逮捕・起訴される一方で，主犯格は，仮に存在が判明しても容易に逮捕することができず，捜査が長期化する傾向があり，それらの者の逮捕状もおのずと長期間更新請求を続けることになります。このような逮捕状の更新請求でよく見かけるものに，現金の受け子である共犯者らが検挙されており，すでに氏名等も特定できているにもかかわらず，漫然と「氏名不詳者らと共謀の上」との被疑事実で請求してくるものがあります。被疑事実は公訴事実ではないので，刑訴法256条3項が直接適用されるわけではありませんが，憲法33条が特に令状に理由となっている犯罪の明示を要求しているその趣旨からすれば，逮捕状の更新請求段階において明らかとなっている事実については，更新前の旧令状の被疑事実を見直して訂正すべきは当然のことです。

　共犯者部分についての訂正がないとしても被疑事実が特定不十分と

なることはありませんので，これを理由に不適法却下となることはありません。ですが，共犯者の一部が公訴提起されたとすれば，その裁判が確定するまで他の共犯者の公訴時効が停止する（刑訴法254条2項）ので，更新請求時の有効期間に影響を与えることもありますし（本書10頁参照），また，当分，公訴時効を考える必要がないような段階にあっても，実行犯等共犯者との共謀は当該犯罪事実の攻撃・防御に重要な事実関係となるので，氏名等の判明している共犯者がいるのであれば，それを記載した方がよいものと思われます。

■ 請求側・捜査側の留意点

　更新請求以前に，共犯者の捜査公判状況について十分に把握し，検挙されていないとしても，他の証拠関係から共犯者が特定されて逮捕状等の令状が発付されている場合等の状況についても関係機関と適宜連絡をとり把握に心掛けるべきです。そして，共犯者の逮捕状等が発付済みである場合，あるいは公訴提起されて，有罪判決がでている場合，逮捕状の更新請求に際し，共犯者の状況についての報告書に，それぞれの起訴状や判決書等の写しを添付するなど適宜の方法で分かり易い疎明資料を作成するのが望まれるところです。

　このメリットとしては，本設問で問題となっている共犯者の特定の疎明資料となるのは勿論ですが，それだけでなく，起訴状記載の公訴事実や判決書記載の罪となるべき事実が更新請求に係る令状の被疑事実全体を見直す資料になることもあるということです。もちろん，これらの資料に依存して漫然と書き写して事実を揃えればよいということではありません。しかしながら，共犯者に係る公訴事実や罪となるべき事実は，令状請求段階に比べると証拠も揃っており慎重な判断がなされていることから，被疑事実の再構成のための大変よい検討資料

となります。

審査側の視点

　本設問のような共犯者のある事件については，公訴時効の問題さえなければ，請求者側が共犯者の状況に関する疎明資料を何ら提供せず，被疑事実を「氏名不詳の共犯者らと共謀の上」のままにしていても，逮捕の理由と必要性が認められれば逮捕状を発付して不適法というわけではないと思います。しかし，簡単に判明する事実をあえて不詳のままにしておくというのは，被疑事実の要旨とはいえ，適切な処理とはいえないと思います。共犯者の供述調書の謄本が添付されている場合は，当然，捜査機関において共犯者氏名を把握しているわけですから，被疑事実に，その共犯者氏名が出てこないのはおかしいですし，総括報告書等から読み取れる共犯者の捜査状況等も留意すべきところだと思われます。

第10　刑訴法199条1項ただし書の「30万円以下の罰金・・・に当たる罪」

> 問題33
> 　被疑者について住居不定又は正当な理由のない不出頭が認められない賭博幇助事案の被疑者を通常逮捕することはできるか。

■ 結　論

逮捕できますが，逮捕の必要性を慎重に検討すべきです。

■ 理　由

　賭博罪の法定刑は罰金50万円以下（刑法185条）であり，その幇助は，正犯の刑が減軽され（同法62条1項，63条），罰金25万円以下（同法68条4号）となります。

　また，刑訴法199条1項ただし書によれば，刑法犯の場合，30万円以下の罰金に当たる罪については，被疑者について住居不定又は正当な理由のない呼び出し不出頭（以下「住居不定等」という。）が認められなければ，通常逮捕をすることができない旨が定められています。

　賭博幇助罪の場合，法律上の減軽をした刑が罰金25万円以下になりますので，住居不定等の要件が認められなければ，通常逮捕できないことになるのではないかが問題となります。

　この問題に関しては，次の考え方があります。

① 　幇助犯は構成要件の修正形式であり，正犯の法定刑を減軽したものが，幇助犯の実質的な法定刑に当たるので，住居不定等の要件を満たさない限り，逮捕状は発付できない（消極説）。

② 　従犯減軽後の刑は処断刑に過ぎず，正犯の法定刑を基準に考えるべきであるので，法定刑が罰金30万円を超えれば，住居不定等

の要件を満たさなくとも逮捕状は発付できる（積極説）。

　以上のうち，消極説は，幇助犯の場合，従犯減軽後の刑が幇助犯としての固有の法定刑であり，自らの罪の刑ともいえるとして，幇助犯の実質的な法定刑であるとします。しかしながら，常に，従犯が正犯の法定刑を半減したものになるとは限りません。

　刑法は，必要的減軽事由の一つとして従犯減軽を定めていますが（刑法63条），他方で，必要的加重事由として再犯加重も定めています（同法57条）。さらには，その加重減軽の順序として，再犯加重をした後に法律上の減軽としての従犯減軽をすることとなっています（同法72条）。

　そうすると，従犯の実質的な刑は，再犯加重の検討を経た後に定まるので，必ずしも法定刑を半減したものになるとは限らないのです。

　この点，再犯加重は，罰金刑には適用の余地がないとの反論もありますが，上述したことに加え，そもそも法定刑の加重減軽事由の存否により，逮捕の可否が決せられること自体，基準として不明確であり，不合理であるというべきです。

　したがって，逮捕の可否については，積極説が妥当であり，従犯減軽後の刑ではなく正犯の法定刑を基準に決すべきであり，本設問の賭博幇助の場合は，その法定刑が罰金50万円以下となるので，通常逮捕について刑訴法199条1項ただし書の適用はないことになります。

　しかし，積極説によったとしても，賭博幇助罪は，賭博罪の半減された罰金25万円以下の刑しか科すことができませんので，実質的には軽い罪として，運用上，逮捕の必要性について慎重に検討すべきはいうまでもありません。

第11　逮捕状請求の撤回の可否

> 問題34
> 　逮捕状請求の撤回は許されるか。

■結　論

　運用上，撤回が許される扱いも少なくありませんが，撤回を許す場合でも，その判断は慎重にすべきと考えられています。

■理　由

　逮捕状請求の撤回については，これを許すことに消極的な考え方があります。その考え方とは，①撤回が許されることが常態化すると，請求者側としても，仮に裁判官から逮捕状の発付について消極的な判断を受けたとしても撤回してしまえば却下されることはないなどと安易な請求が多くなるおそれがあること，②その結果として裁判官の判断を誤らせることになりかねないこと，③同一の犯罪事実について前に逮捕状の請求をしたことに関し，刑訴規則142条1項8号に基づいた記載をしないまま不適法な逮捕状請求をするなどの過誤が起こり易く，それを裁判所が看過してしまうおそれがあるので，不適法な逮捕や逮捕権の濫用につながるおそれがあることなどの理由から，逮捕状請求については撤回を認めることは妥当ではないとするものです。

　しかし，逮捕状請求の撤回は，法律の明文で禁止されておらず，運用上で認めることが直ちに違法であるとは言い難いこと，令状請求自体，捜査官単独の判断ではなく捜査機関内部の決裁を経て上層部における正式な判断の下になされているというのが実情であり，撤回を認めることが，上記①や②のような事態を招くとは必ずしもいえないこと，上記③にいう同一の犯罪事実についての再逮捕の問題に関しても，

裁判所の実務において，通常，令状請求事件簿の受理をした令状事件の結果欄に「撤回」と記載した上，請求書謄本にも撤回と表示して請求書謄本綴りに保存しておくこととされているので，撤回を認めると，裁判所が刑訴規則142条1項8号の不記載を看過し逮捕権の濫用を許すことになるおそれがあるという批判も直ちには当たらないこと，実際には，疎明資料に不備があるため，そのままでは逮捕状を発付できないものの，その不備は若干の補正や追完を補えば足りるというものもあるので，そのような場合にまで必ず請求を却下しなければならないという処理は硬直に過ぎる憾みがあることなどから，逮捕状請求の撤回が運用上必ずしも不当とはいえないと思われます。

　そうはいっても，消極説が説く弊害も全く無視することはできませんので，安易に撤回を認めることは避け，その判断には慎重な態度で臨むべきだと思われます。

　なお，緊急逮捕状の請求に関しては，緊急逮捕状の性質が，緊急逮捕自体の逮捕の適法性を追認するものなので，緊急逮捕をしている以上，請求の撤回は認められません（被疑事実の全部ではなく，その一部について実務的に撤回を認める運用があることについては，本書101頁参照）。

第2章 緊急逮捕
第1 犯罪の重大性

> 問題35
> 常習賭博幇助罪で緊急逮捕することはできるか。

■ 結　論

緊急逮捕はできます。

■ 理　由

刑訴法210条1項において，緊急逮捕できる犯罪として「死刑又は無期若しくは長期三年以上の懲役若しくは禁錮にあたる罪」と定めています（緊急逮捕の要件としての犯罪の重大性）。

刑法12条1項によれば，有期懲役の原則的な幅は1月以上20年以下とされており，このうち下限の「1月以上」を短期，上限の「20年以下」を長期といいます（有期禁錮については刑法13条1項，以下，有期懲役，有期禁錮ともに考え方は同じなので，有期懲役についてのみ記述）。

法定刑には短期，長期の両方が定められている刑（例：私文書偽造罪：懲役3月以上5年以下）もあれば，長期のみ（例：暴行罪：懲役2年以下），又は短期のみ（例：非現住建造物等放火罪：懲役2年以上）のものもあります。

長期のみ又は短期のみが法定されている犯罪については，その定められていない方の長期又は短期は刑法12条1項によります。つまり，前述した暴行罪であれば，短期は1月以上，非現住建造物等放火罪であれば，長期は20年以下となります。

ここで，非現住建造物等放火罪と暴行罪で緊急逮捕の要件としての

犯罪の重大性を検討しますと，非現住建造物等放火罪は，長期が20年以下なので犯罪の重大性の要件を満たしますが，暴行罪は長期が2年以下なのでその要件を満たさないこととなります。

本設問の常習賭博罪については法定刑の長期が3年以下ですので犯罪の重大性の要件を満たすことになります。しかし，常習賭博幇助罪となると，刑法62条，63条により，従犯として刑が減軽され，刑法68条3号により，その長期が2分の1の1年6月以下となります（このように従犯であることや，そのほか累犯前科があること，未遂であることなどを理由として法定刑を加重したり減軽したりした後の刑を「処断刑」といいます。この処断刑の範囲内で，裁判所が最終的に判決として言い渡す刑が「宣告刑」です。）。

そうすると，常習賭博幇助については，犯罪の重大性を満たさないのではないかとの疑問が生じます。しかしながら，緊急逮捕の要件としての犯罪の重大性は，法定刑を基準とすると考えられているので，結局，正犯たる常習賭博罪の法定刑から犯罪の重大性は満たしていると考えてよいと思われます。このように加重減軽事由について考慮しないのは，それらの事由は事実認定によって異なることもあり，これによって緊急逮捕の適法性が左右されるのは制度の趣旨に沿わないと考えられているからです。

第2　被疑事実の一部が犯罪の重大性を満たしていない場合

> 問題36
> いわゆる「ひき逃げ事故」について，被疑事実を第1　過失運転致傷，第2　道路交通法違反（救護義務違反，報告義務違反）として緊急逮捕した場合の緊急逮捕状の請求とその発付はどうすべきか。

結論

全ての被疑事実で請求し，報告義務違反について一部却下して発付するのが原則的な考え方となります。

理由

道路交通法の報告義務違反は，法定刑が3月以下の懲役又は5万円以下の罰金（道交法119条1項1号，72条1項後段）であり，緊急逮捕の要件である犯罪の重大性を満たしていません。

しかし，そうであっても，被疑者を緊急逮捕した時点において，被疑者に対して，報告義務違反を含めて被疑事実を告げて逮捕し，緊急逮捕手続書にもその旨の逮捕経緯等が記載されている場合は，逮捕者の意思としては勿論のこと，手続的にも実質的にも報告義務違反を含めた被疑事実で被疑者を緊急逮捕しているので，理論的には，緊急逮捕状の請求段階において，報告義務違反を罪名や被疑事実から削除することはできません。

緊急逮捕状の請求は，緊急逮捕の適法性を事後的に審査するためのものであり，既に報告義務違反を含めた事実で緊急逮捕している以上，緊急逮捕状の請求の撤回ということはあり得ないからです（なお，通常逮捕状の請求の場合，撤回については，消極的な考え方もあります

が，法律上禁止されておらず，実務上も認める扱いをしていることが多いようです（本書97頁参照）。

■ 捜査・請求側の留意点

報告義務違反の事実を含めて緊急逮捕した場合は，刑訴法の建前からして，請求書記載の被疑事実から報告義務違反を削除はできません。

もっとも，このようなことが起きるのは，報告義務違反を含めて緊急逮捕したことによるものです。そもそも緊急逮捕する時点において，被疑事実に報告義務違反を含めていなければ，緊急逮捕状の請求においても報告義務違反を含まないので，削除や撤回も考える必要はないわけで，緊急逮捕状が発付された後の送検前に，報告義務違反を加えればよいわけです（勾留請求に当たって，報告義務違反の法定刑の軽重は，勾留の適法性に直接影響しませんし，過失運転致傷と救護義務違反で逮捕した後に勾留請求の段階で報告義務違反の事実を付け加えても，逮捕前置主義の関係でも問題はありません。）。

■ 審査発付側の取扱い

本設問の場合の裁判所の取扱いとしてしては，

① 緊急逮捕状の「逮捕したことを認めた罪名，被疑事実の要旨」の右欄に「別紙逮捕状請求書記載のとおり」とした上で「ただし，罪名の括弧書き罰条部分のうち，『119条１項10号』及び『・後段』を，被疑事実の要旨の第２の道路交通法違反のうち，報告義務違反に係る事実をそれぞれ削除する。」等と適宜加筆する。

② 緊急逮捕状の「逮捕をしたことを認めた罪名，被疑事実の要旨」の右欄に「逮捕したことを認めた罪名及び被疑事実の要旨については別紙『罪名，罰条及び被疑事実の要旨』のとおり。その余は，別紙逮捕状請求書記載のとおり。」等と適宜加筆した上で，報告義

務違反を除いた別紙「罪名，罰条及び被疑事実」を作成し，これを添付する。
③　特に何も手当せずに，そのまま逮捕状請求書を引用する。
のいずれかの方法によって緊急逮捕状を発付することになります。

③の取扱いについては，前述したように理論的に全く問題がないわけではありませんが，犯罪の重大性は，過失運転致傷と救護義務違反で満たされており，報告義務違反は，救護義務違反と観念的競合で一罪となるのでこれに報告義務違反が加わっても緊急逮捕状の発付自体が不適法になるものではないとの考えから行われているようです。

なお，裁判所によっては，緊急逮捕状の請求書記載部分の罪名，罰条及び被疑事実の要旨の報告義務違反の部分の削除（撤回）を求めるケースもあるようです。この取扱いについても前述したように理論的には問題はないことはありませんが，実務の慣行としては許容されているようです。

第2編　逮捕

第3　緊急性

> 問題37
> 　ある傷害事件について，被疑者が犯人であることが数日前から捜査機関に明らかになっていたが，まずは任意捜査を先行させる捜査計画が立てられていた。ところが，被疑者を取り調べのために呼び出す前に，被疑者の方から出頭したので緊急逮捕した。この場合，緊急逮捕の要件としての緊急性は認められるか。

▎結　論

　逮捕時に緊急性があれば，緊急逮捕の要件である緊急性を認めることができます。

▎解　説

　刑訴法210条は「急速を要し，裁判官の逮捕状を求めることができないとき」と定め，緊急性を緊急逮捕の要件の一つとしています。本設問は，捜査機関において，被疑者を逮捕する時間的な余裕があった場合においても，緊急逮捕の要件である緊急性が認められるかという問題です。

　この緊急性の判断資料をどの時点までの事情を含むかについては，以下のとおり，A説，B説があります。

　　A説：逮捕しようとする時点の事情に限定する説
　　B説：逮捕までの全ての事情を含む説

　以上の説のうち，A説によれば，まさに逮捕しようとする時点において，逮捕状なくして逮捕しなければ被疑者が罪証隠滅又は逃亡するおそれが顕著であれば緊急性が認められることになります。他方，B説によると，事前に逮捕状を請求する時間的，方法的余裕がある場合

は緊急性が認められない方向に判断が傾き易くなります。

　捜査は任意捜査が原則ですが（刑訴法197条，犯罪捜査規範99条），B説によれば，任意捜査ができる時間的，方法的余裕があったとしても逮捕状の請求をすることを捜査機関に強いるような結果になりかねませんし，何よりもB説では緊急性の要件が厳格に過ぎ，これが認められる範囲が大幅に制限されることとなり妥当ではありません。したがって，基本的にA説によってよいと思われます。

　ただし，時間的，方法的余裕を全く考慮しなくてよいわけではありません。例えば，本設問のような事例においても，被疑者の所在がはっきりしており捜査機関において一分一秒を争って逮捕するまでのことはないとして逮捕状の請求を急がなかったような事情があって任意捜査を先行させていたというのであれば，たまたま被疑者が出頭したとしても緊急逮捕をしなければならないほどの緊急性があるかは疑問の余地なしとはならないものと思われます。

■ 請求側・捜査側の留意点

　緊急性を検討するに当たっては，まずは緊急逮捕時の時間帯が深夜であるか，逮捕状を求めるべき裁判所が遠方であるかなど時間的，場所的要素を検討する必要があります。その上で，逮捕状の発付を待っていては，被疑者が罪証隠滅を図り，逃亡するおそれがあるか否かを判断することとなります。

　このような観点からみると，緊急逮捕手続書の「2　逮捕の年月日時」及び「3　逮捕の場所」のそれぞれの記載が緊急性を認めるための一つの要素になっていることがわかります。

　次に，具体的な罪証隠滅，逃亡のおそれについてですが，本設問のように，呼び出しをする前に，被疑者から出頭したようなケースであっ

ても，出頭当初から，目撃者供述や客観証拠と矛盾する不合理な弁解に終始し，犯行を否認していることもありますし，仮に被疑者が被疑事実について自供し逮捕されることを承知しているかのような態度を示している場合でも，逮捕状発付までの間に，翻意して帰宅を望むなどすることもあります。いずれの場合も罪証隠滅や逃亡のおそれを認める一事情となり得るので，これらの事実を逮捕手続書の「7 急速を要し裁判官の逮捕状を求めることができなかった理由」欄に正確かつ具体的に記載します。

　緊急逮捕時の被疑者の言動についても，所持していた証拠物を投棄し，逃走する気配があった，抵抗したなどの状況があった場合にも，緊急性を認めるための事情となりますので，そうした状況を緊急逮捕手続書の「8 逮捕時の状況」欄に具体的に記載します。

審査側の視点

　審査側としては，基本的には，主な疎明資料として緊急逮捕手続書のうち，上記「請求側・捜査側の留意点」に示した記載事項を中心に緊急性を判断することになります。

　緊急逮捕手続書の審査に当たっては，記載内容の正確性という観点から他の疎明資料と矛盾しないかを確認するのはもとより，本設問のように任意捜査を先行させる捜査計画を立てた事情等については，総括捜査報告書等に，捜査の端緒からの捜査経緯，これを踏まえたその後の捜査計画までの記載がある場合もあるので，その記載内容から冒頭の解説で述べたように緊急性の要件に疑問があるような場合は，請求者から事情を聴取するなどの必要があるものと思います。

第4　緊急逮捕状の請求に添付すべき資料

> 問題38
> 　緊急逮捕による逮捕状の請求をするには，どのような資料を添付すべきか。

■解　説

　緊急逮捕をするには，逮捕の緊急性，犯罪の重大性，嫌疑の充分性の3要件が備わなければなりません。これらの要件のうち嫌疑の充分性を認めるための資料は，逮捕の当時存在していたものでなければなりません。緊急逮捕による逮捕状は，裁判官において，逮捕者が，逮捕の当時，認識した具体的な事情に基づき，緊急逮捕を要すると判断した逮捕が緊急逮捕の要件を満たしたものであったかどうかを審査の上，これを追認して発付するものですから，逮捕後に生じた状況は，その緊急逮捕の嫌疑の充分性を認める資料にはならないのです。

　しかし，それは，各種捜査書類自体の作成が逮捕後であってはならないということにはなりません。緊急逮捕の時点において，既に存在し，それを逮捕者がその逮捕の当時認識できた状況等であれば，それを逮捕後に記載して書面として作成しても緊急逮捕の要件を認める資料となります。

　具体的にみると，例えば，緊急逮捕手続書は，逮捕者が逮捕時に認識した具体的事実について，逮捕後に作成するものであるので，緊急逮捕状請求の際の審査資料とすることができます。また，同じように，被害者や目撃者から聴取した被害内容について，その聴取した限度で逮捕後に聴取報告書を作成したり，その被害概要を調書化したものも，その聴取内容が逮捕前の聴取に基づくものであれば，緊急逮捕におけ

る嫌疑の充分性を認める資料とすることができます。

　他方で，嫌疑の充分性を認める資料としてではなく，緊急逮捕の手続の適法性を認めるための資料としては，逮捕後に作成されたものも審査の対象となります。例えば，緊急逮捕の前後では，被疑者は事実を認めておらず，緊急逮捕状請求前に，司法警察員に引致した後の弁解録取の機会で被疑者が自白した場合，その弁解録取書は，緊急逮捕における嫌疑の充分性を認めるための資料にはなりませんが，緊急逮捕後，直ちに司法警察員に引致し，直ちに弁解の機会を与えるなどの手続を履践したかどうかの適法性審査の資料にはなるわけです。

　なお，逮捕状請求の実務においては，逮捕後に，被疑者が自供した上申書を作成した場合，その上申書も緊急逮捕状の請求に添付されてくることがあります。確かに，その上申書は，緊急逮捕の要件としての嫌疑の相当性の判断資料には使えませんが，だからといって，緊急逮捕状を請求する際に，あえて添付資料として外すという必要はないと思います。令状審査をする裁判官としては，当然に，他の資料から嫌疑の充分性を認定しますが，それでも，逮捕後直ちに作成された被疑者の上申書は，むしろ参考資料として有益であると思います。

第5 逮捕後の令状請求と引致の「直ちに」

> 問題39
> 　被疑者を緊急逮捕した場合，直ちに緊急逮捕状を請求しなければならず，直ちに司法警察員に引致しなければならないが，いずれを先にすべきか。

■ 結　論

　いずれを優先すべきか明文の規定はなく，緊急逮捕前後の状況により引致が先か緊急逮捕状の請求が先かが変わります。

■ 解　説

　被疑者を緊急逮捕した場合，直ちに裁判官の緊急逮捕状を請求する手続をしなければならず，緊急逮捕状が発付されない場合は，直ちにその被疑者を釈放しなければなりません（刑訴法210条1項）。また，被疑者を緊急逮捕した場合，直ちに司法警察員に引致しなければなりません（刑訴法211条，202条）。このように，被疑者を緊急逮捕した後は，逮捕後の引致も，緊急逮捕状の請求も，「直ちに」しなければならないとの規定があるだけで，いずれが優先かという明文の定めはありません。ですから，緊急逮捕後としては，

　①　緊急逮捕　→　引致　→　弁解録取　→　緊急逮捕状請求
　②　緊急逮捕　→　緊急逮捕状請求　→　引致　→　弁解録取

という二つの流れがあることになります。

　一般的には，緊急逮捕後の引致の「直ちに」というのは，緊急逮捕状の請求の場合のそれと異なり，逮捕状請求のための疎明資料の収集整理に要する時間等の問題がなく，もっぱら被疑者の身柄を連行するために必要な時間ということになりますので，引致の方が緊急逮捕状

の請求よりも先になるケースが多いように思われます。ただ、緊急逮捕の前後の状況によっては、緊急逮捕状の請求が引致よりも先にされる場合もあります。例えば、警視庁の警察官が、青森県の弘前市内で被疑者を追跡捜査中に、たまたま共犯者を発見して緊急逮捕し、その共犯者の引致前に、最寄りの裁判所である弘前簡易裁判所に対し、緊急逮捕状を請求したような場合が考えられます。

▍請求側・捜査側の留意点

前記①のように引致の方が緊急逮捕状の請求より先になる場合は、逮捕状請求書（乙）記載要件のうち「3 引致の年月日時及び場所」の欄に、被疑者を実際に引致した日時と官公署を記載し、同請求書の「5 引致すべき場所又はその他の場所」の欄には、斜線を引いてその上から請求者印を押印しておきます。請求より先に引致が済んでいれば、引致すべき場所の欄の記載が不要になるのは当たり前のことで、空白のままでもよいのですが、引致すべき場所を空白にしておくと、一見すると記載漏れのように見えなくもありませんし、一旦被疑者を連行した後の引致場所の変更のための記載欄のように読めなくもありません。記載内容の明確性のためにも斜線削除をしておく方がよいものと思われます。引致が緊急逮捕の請求の後になる場合は、その逆で「3 引致の年月日時及び場所」の欄を斜線削除するとともに「5 引致すべき場所又はその他の場所」の欄に、具体的な被疑者を引致する警察署等を記載することになります。

第6　緊急逮捕状の請求が却下された場合の再逮捕の可否

> 問題40
>   被疑者は，スーパーで缶コーヒー1缶（販売価格120円）を万引きし，店外に出たところで呼び止めた店員に対し「うるさい！」などと怒鳴り，その店員の腕を振り払って転倒させた事後強盗の被疑事実で緊急逮捕された。その後，緊急逮捕状の請求が却下された場合，同一被疑事実による通常逮捕状の発付は認められるか。

■結　論

　緊急逮捕の請求が「直ちに」の要件を欠くなどの手続を理由とした却下の場合は通常逮捕状の発付が認められる場合がありますが，そもそも逮捕の理由又は必要性が欠ける場合は，却下された以降の事情変更により逮捕の理由及び必要性が認められなければ，通常逮捕状の発付は認められません。

■理　由

　刑訴法210条1項によれば，被疑者を緊急逮捕した場合には，「直ちに」裁判官の逮捕状を求める手続をしなければならないので，「直ちに」請求ができなければ，他の要件を満たしていたとしても緊急逮捕状の請求は却下となります。この場合，被疑者を直ちに釈放しなければなりませんが，重大事件について，逮捕の理由と必要性が認められるにもかかわらず釈放したまま逮捕できないのでは，被疑者の罪証隠滅，逃亡を許し，事案の解明を困難にしてしまうことなります。ですから，このような場合，「直ちに」請求する合理的時間を超過した時間が比較的僅かであり，その時間超過に合理的理由があり，事案が重大であるなどの理由が認められれば，特別の事情変更がなくとも，通常逮捕状

による再逮捕は許されると考えられます（浦和地決昭48．4．21刑事裁判月報5．4．874）。

　ところが，例えば，被害者である店員による被疑者の万引きの現認状況が必ずしも良好でない上，被疑者が被害品を所持していないため被害品の発見に至っておらず，被疑者自身犯行を否認しているような場合は，緊急逮捕の要件としての嫌疑の充分性に問題がでてきます。被疑者は，声をかけた店員に対し「うるさい！」などと怒鳴って転倒させるほどに振りほどいて逃走しようとしていたのですから，その状況からすれば，万引きの被疑者である疑いは強くなる方向に傾くとも考えられますが，他方で，単にいきなり声を掛けられたことに憤慨した態度ということもあり得ます（仮に，本設問の事例で現認状況不良等で窃盗の嫌疑の充分性が認められないと，暴行の事実しか残らず，犯罪の重大性も満たさないことになります。）。いずれにしても，緊急逮捕の要件としての嫌疑の充分性に問題があるとして，逮捕状を却下された場合は，その後の通常逮捕状の請求に当たっては，嫌疑について理由をあらしめる事情の変更が必要になります。

　なお，今お話した証拠関係では，通常逮捕状請求で必要とされる嫌疑の相当性をも満たしているか疑問のあるところですが，緊急逮捕の嫌疑の充分性は，通常逮捕の嫌疑の相当性よりも高度な犯罪の嫌疑が要求されていますので，理論的には，緊急逮捕の嫌疑の充分性が満たされていないとの判断で緊急逮捕状の請求が却下されたとしても，その嫌疑よりも低い嫌疑の相当性は満たされているというのであれば，特別な事情の変更はなくても通常逮捕状の請求はできることになります。ただ，実務感覚としては，嫌疑の相当性もかなり慎重に判断されているところだと思われますので，嫌疑の充分性が満たされていない

と判断されるケースでは，嫌疑の相当性も消極に解されることが多いのではないかと思います。

　また，本設問は，罪名こそ，事後強盗という重大事案ではありますが，その本体部分は，被害金額120円の缶コーヒー１缶であり，比較的軽微な万引き事案です。暴行の程度も店員の腕を振り払った程度のものですので，例えば，初犯であり，被疑者に住居や定職があり，事実関係を全て認めているとなると，罪証隠滅のおそれ，逃亡のおそれともにかなり低いものと認められますし，最終的な処分として，起訴猶予又は窃盗と暴行の併合罪で略式起訴がされ罰金の処分で終わるということも考えられます。そうすると，逮捕の必要性がないとの判断に傾き易くなることもあり，仮に逮捕の必要性なしとの理由で緊急逮捕状の請求が却下されたとなれば，やはり，そのままでは通常逮捕状の請求をしても逮捕の必要性のない状況は変わりませんので，ほかに事情の変更がなければ逮捕状の発付は認められないこともあります。

第3章　現行犯逮捕
第1　現行犯逮捕の要件

> 問題41
> 　現行犯逮捕の要件として必要なものは何か。

■ 結　論
① 　犯罪と犯人の明白性
② 　犯行の現行性・時間的接着性

■ 理　由
　憲法33条は，「何人も，現行犯として逮捕される場合を除いては，権限を有する司法官憲が発し，且つ理由となっている犯罪を明示する令状によらなければ，逮捕されない。」と定め，現行犯逮捕を令状主義の例外と位置づけ，刑訴法はこれを受け，「現行犯人は，何人でも，逮捕状なくしてこれを逮捕することができる。」（刑訴法213条）と定めています。

　このように現行犯が令状主義の例外とされ，私人にも逮捕権が与えられているのは，犯人が特定の犯罪を行い，又は行い終わったことが明白であって，誤認逮捕のおそれが少なく，かつ急速な逮捕の必要があるからです。

　そこから導かれる現行犯逮捕の要件は，
　　① 　犯罪と犯人の明白性
　　　　特定の犯人による特定の犯罪であることが逮捕者にとって明らかであること
　　② 　犯罪の現行性・時間的接着性
　　　　その特定の犯罪が将来や過去のものでなく現在のものであり，

逮捕者の目前で行われているか，又は犯行後時間的に接着した段階にあること

となります。

　①の「犯罪と犯人の明白性」については，例えば，被疑者が警備員の目前で万引きをしたというような場合であれば，誰の目から見ても犯罪と犯人の明白性が認められますが，競馬におけるいわゆるノミ行為のように，逮捕者以外の者には一見して犯罪と犯人の明白性が認められないものもあります。しかし，このような事案でも，内偵等により事前に収集した客観的な資料や特殊な知識・経験等によって逮捕者に，犯人による特定の犯罪が行われていると認められれば，犯罪と犯人の明白性は認められるのであり，その明白性に関し必ずしも逮捕者以外の第三者からも常に明らかでなければならないという外形上の明白性までは求められていないものと解されています（東京高判昭41．6．28判タ195．125）。

　②の「犯罪の現行性・時間的接着性」については，
　　　　現に罪を行っている
　　　　　　又は
　　　　現に罪を行い終わった
と認められなければなりません。

　「現に罪を行っている」とは，まさに逮捕者の目前で，被疑者が被害者に対しその顔面を手拳で殴打しているような場合をいいますが，「現に罪を行い終わった」というのは，これよりもさらに犯行終了後の時間の経過において要件が緩和されている準現行犯の「罪を行い終わってから間がない」の規定ぶりからみて，犯行終了後極めて時間的に接着した段階と解されます。

時間的に接着した段階とは，具体的には，単に時間的接着性のみならず，場所的接着性等そのほかの事案ごとの事実関係に照らして総合的に判断することとなります。ですから，一概にどの程度の時間かを明確に示すことはできません。ただ，明白性との関係で相関関係があると思われ，一つの目安としてではありますが，最大で犯行終了後30～40分程度であろうとの指摘もあり，迅速な判断と対応が要求される逮捕の現場では，一応の基準として参考になるものと思われます。

第2　現行犯逮捕における逮捕の必要性

> 問題42
> 　現行犯逮捕において，逮捕の必要性は要件となるか。

■ 結　論

　現行犯逮捕においても，逮捕の必要性は要件となるものと考えられます。

■ 理　由

　通常逮捕の場合は，明らかに逮捕の必要がないと認められるときは，逮捕できないこと，その必要性の判断基準についても，被疑者の年齢，境遇，犯罪の軽重と態様等からみた逃亡や罪証隠滅のおそれの有無として，それぞれの明文の定めがあります（刑訴法199条2項ただし書，刑訴規則143条の3）。

　他方で，現行犯逮捕の場合は，こうした逮捕の必要性に関する明文の定めはありません。そこで，現行犯逮捕により被疑者を逮捕する場合，逮捕の必要性は要件になるのかが問題となります。

　これについて，逮捕の必要性の明文の定めがないことに加え，現行犯逮捕の場合，まさにその場で逮捕しなければ逃亡のおそれが高いことが通常であり，一般的に逮捕の必要性が肯定されることが多く，あえて逮捕の必要性まで検討する必要はないこと，犯罪を行ったことが極めて明白であり，令状がなくとも私人でも逮捕できることなどからして，現行犯逮捕の場合は，逮捕の必要性を問題にする余地がないか，あったとしても通常逮捕の場合に比べて相当緩やかに解するべきであるとして，逮捕の必要性について否定的に考える否定説があります（東京高判昭41.1.27刑集20.6.707）。

確かに，否定説のいうように，現行犯逮捕の場合，一般的に，逃亡のおそれが高く，逮捕の必要性をあえて検討するまでもないことが多いかも知れません。しかし，だからといって，逮捕の必要性が要件にならないということにはならないと思われます。むしろ，現行犯逮捕であれば，逮捕者からみて犯罪自体が単純で明白であり，重要な客観証拠もその場でほぼ収集できることも多く，罪証隠滅の余地に乏しいことも少なくありません。また，犯罪を現認したその場で，逮捕者において，被疑者の所持している免許証等から直ちに氏名，住所等が判明するなどし，実質的に逃亡するおそれが必ずしも高いとはいえない場合もあります。

　また，否定説は，私人でも現行犯逮捕できることを逮捕の必要性を要件としない理由として挙げています。確かに，私人は，逮捕の必要性について，法律的に仔細に検討し判断することはできないかも知れません。しかしながら，私人においてもその判断検討が全くできないというものではなく，むしろ，無意識のうちに常識的なレベルでの逮捕の必要性の判断がなされているのが通常であり，私人が現行犯逮捕できることが，逮捕の必要性を否定する理由にはなりません。

　以上からして，現行犯逮捕の場合でも，逮捕の必要性は要件になるものと考えるのが妥当だと思われます（東京高判平21．1．20）。

　次に，逮捕の必要性が要件となるとしても，それがどの程度のものかが問題となります。

　この点，観念的に逮捕の必要性の要件を肯定しながらも，必要性の存在が推定されているとする考えや，通常逮捕に比べ緩やかに解されるべきであるとする考え方もありますが，これでは実質的にみて逮捕の必要性を要件としない考え方と変わらないことになってしまいま

す。
　やはり，現行犯逮捕も逮捕であり，逮捕の必要性が要件となるとする以上，通常逮捕の場合と変わることなく，罪証隠滅のおそれ又は逃亡のおそれがあってはじめて逮捕の必要性が認められると考えるべきだと思います。

■ 捜査側の対応

　特に私人現行犯逮捕の被疑者の引致を受けた司法警察員は，私人であるからこそ逮捕の必要性についての十分な判断ができていないであろうことを前提に留置継続の必要性についてより慎重な判断をする必要があろうかと思われます。また，こうした事件について送致を受けた検察官においても，当たり前のことですが，必要性の審査に当たり，より慎重な検討を加える必要があるものと思われます。

第2編　逮捕

第3　供述証拠による現行犯逮捕の可否

問題43
　賃貸マンションの3階で一人暮らしの会社員の被害者V女が，深夜帰宅したところ，部屋の出入口ドアの鍵がこじ開けられており，部屋の中に見ず知らずの小太りの中年男性の被疑者Aがおり，タンスの引き出しを開けてV女の下着等を物色していたのを発見したが，Aは物色に夢中になっておりV女には気づいていなかった。V女は怖くなり，そのまま走って部屋から出てすぐ近くの交番まで行き，その約5分後に，警察官を伴ってマンションまで戻ってきたところ，AがV女の部屋のドアの前に立っていたので，V女が警察官に対し「この男が私の部屋に入って下着を盗もうとしていました。」と伝えた。警察官がAの身上及び事実関係について尋ねたが，Aは氏名住所等をあいまいに述べるにとどまり，事実については，知り合いの部屋を訪ねただけだなどと述べるが，具体的な知り合いの住所や名前を尋ねても答えられずに今にも逃走する気配を示している。警察官がV女方の出入口ドアのノブを確認すると確かに鍵をこじ開けられた痕跡のほか，V女の指示するタンスの引き出しが開いており，周辺に下着類が散乱しているのが認められた。Aを住居侵入・窃盗未遂で現行犯逮捕することはできるか。

結　論
現行犯逮捕できます。

理　由
現行犯逮捕は，逮捕者において，

①　犯罪と犯人の明白性
②　犯行の現行性・時間的接着性

が認められることが要件とされています（本書114頁参照）。本設問では，これらの要件のうち，①について判断資料とできるのは，逮捕者が直接覚知できる被疑者の犯行及びその前後の言動，犯行現場の状況，被害者の身体・着衣の状況等の客観的な状況に限定されるのか，それとも被疑者，被害者，目撃者の供述証拠もその判断資料とすることができるのかが問題となります。

これに関しては，以下のような考え方があります。

甲説：客観的状況に限定する説

　　あくまで逮捕者が直接覚知した客観的状況が犯罪と犯人の明白性を判断する資料になるのであり，被害者等の供述証拠は判断資料にはならないとする考え方

乙説：供述証拠も判断資料とする説

　　逮捕者が直接覚知した客観的な状況に限定されず，被疑者や被害者等の供述証拠も判断資料になるとする考え方

丙説：供述証拠を補充的に判断資料とする説

　　原則として逮捕者が直接覚知した客観的状況を判断資料とするが，被疑者や被害者等の供述証拠も補充的に判断資料となるとする考え方

以上の説のうち，甲説は，逮捕者が直接覚知した客観的な状況のみを判断資料とし，間接的な認識にならざるをえない供述証拠に依るよりも誤認逮捕の危険性が低いといえるかもしれません。しかし，本設問にもあるように，私人が犯行を直接覚知し，警察官を呼ぶなどして現行犯逮捕となる場合も多く，その場合，供述証拠を全く判断資料と

せずに犯罪と犯人の明白性を認定することは困難ですし，警察官が直接覚知した場合でも供述証拠を全く判断資料としないというのは無理があるでしょうから，実際の処理において妥当性を欠いた考え方と言わざるを得ません。

　また，乙説の考え方を極論すると，被疑者や被害者の供述証拠のみでも，犯罪と犯人の明白性を認める判断資料とすることができることになりますが，これでは，逮捕者の認識があまりにも間接的になりすぎ，誤認逮捕の危険性も高くなってしまいます。これらの説に対し，丙説は，逮捕者において，直接覚知した客観的状況があり，これに加えて被疑者や被害者等の供述証拠を補充的な判断資料とするとしています。この考え方によれば，逮捕者が犯行そのものを直接覚知していなくても，被疑者の犯行後の挙動，被害者の身体・着衣の状況，犯行現場の状況等を直接覚知したものがあるという点で，供述証拠に依存した間接的な認識だけではないこと，被害者等の供述証拠について逮捕者が認識した客観的な状況と整合するかを見極めその信用性を判断することもできること，客観的な状況だけでは把握しきれない現行犯逮捕の理由となる事案の概要を認識できることなどから，最も妥当な考え方ではないかと思います。

　本設問では，被害者Ｖ女が警察官を伴って戻ってきたのが，Ｖ女が被疑者Ａの犯行を現認してから，約５分後ですので，犯行の時間的接着性は認められます。次に，犯罪と犯人の明白性ですが，上記の丙説によって考えてみると，警察官は，Ｖ女が犯人だと指し示したＡが，正にＶ女の部屋のドアの前に立っていたこと，ＡがＶ女方に侵入するにあたりドアのノブの鍵がこじ開けられていたことやタンスの引き出しが開いており下着類が散乱していたことが確認されたことから，警

察官は，自ら客観的な状況について直接覚知しているということができます。これに加えて，Ｖ女がＡがＶ女方に侵入し下着を物色していた旨供述していますし，Ｖ女の供述が警察官の直接覚知した状況と矛盾しておらず信用性が高いとも認められます。ですから，警察官としては，自ら直接覚知した客観的状況にＶ女の供述証拠を補充的な判断資料として，Ａを住居侵入・窃盗未遂の現行犯人と認めることができます。

また，本書は，現行犯逮捕の場合でも，逮捕の必要性が要件となるとの見解に立っていますので（本書114頁参照），それを前提にしますと，Ａは，氏名住居等についてあいまいに述べるにとどまっており，事実関係についても不合理な弁解に終始した上，今にも逃走しようとする気配を示しているのですから，直ちに現行犯逮捕しなければ，罪証隠滅及び逃亡のおそれが高いと認められます。したがって，Ａを現行犯逮捕する必要性も認められます。

以上のとおりであり，Ａは事実関係について否認していますが，警察官は自らを逮捕者としてＡをＶ女方への住居侵入・窃盗未遂で現行犯逮捕できるということになります。

なお，前述した供述証拠を判断資料としない甲説によっても，警察官がＶ女の逮捕協力者となり，Ｖ女が私人現行犯逮捕したという法律構成をとる考え方もありますが，本設問のような事例では，警察官を連れてきたＶ女や実際に逮捕した警察官の意思等を考えるとやや技巧的な憾みがあるように思われます。

第2編　逮捕

第4　教唆犯の現行犯逮捕の可否

> 問題44
> 　被疑者Aは，オービスで取締を受けた速度違反について警察官の呼出しを受けた。しかし，Aには，それ以前の交通違反歴があり，免許取消しの行政処分を受けるおそれがあったことから，出頭日の前日に，違反歴のない知人のBにAの身代わりを依頼し，Bがこれを承知し，そして出頭日当日，BはAとともに警察署に出頭した。Aは待合室で待ち，Bは取調官甲に対し速度違反をしたのは自分である旨申し立てた。しかし，甲が疑問を抱き，追及したところ，BがAから身代わりを依頼された旨自供した。この場合，甲は，Aを犯人隠避教唆で，Bを犯人隠避で，それぞれ現行犯逮捕することができるか。

■ 結　論
A，Bいずれも現行犯逮捕できません。

■ 理　由
　現行犯逮捕の要件としては，犯行の現行性・時間的接着性のほかに，犯罪と犯人の明白性が必要となります（本書120頁参照）。

　まずBについてみますと，Bは，まさに，取調官の前で，被疑者Aに代わってAとして取調べを受けAを隠避する行為はしていたのですから，「現に罪を行っているもの」であり，客観的には犯行の現行性は認められそうです。しかし，取調官甲は，Bが速度違反の真犯人であることに疑いを抱きBを追及してはいましたが，BがAを隠避するために身代わりをしていたことについてはBの自供により初めて認識するに至ったに過ぎず，その時点において，隠避されたAの実在やAが

— 124 —

真犯人であることを認識できていたものではありませんから，Bの犯人隠避行為について，甲が現認していたと認められません。したがって，Bを犯人隠避で現行犯逮捕することはできません。

次に被疑者Aについてみてみます。AはBに自己を真犯人とする速度違反について犯人隠避を教唆しています。犯行の現行性にいう犯行には，実行行為だけでなく教唆行為も含まれると解されていますが，AがBを教唆したのは，本件速度違反の取調べを受けた前日です。したがって，本件の教唆の場合も，犯行の現行性が認められないので，現行犯逮捕はできないということになります。

なお，犯人隠避は，従前は，法定刑が2年以下でしたが，平成28年法律第54号による改正（平成28年6月23日施行）により，法定刑が懲役3年以下となったので（刑法103条），緊急逮捕は可能となりました。

ですから，本設問のAとBを逮捕するには，通常逮捕か緊急逮捕によらなければなりません。

第2編　逮捕

第5　準現行犯逮捕
1　「罪を行い終わってから間がない」とは

> 問題45
> 　準現行犯の「罪を行い終わってから間がない」とは具体的にどの程度の時間をいうのか。

■ 結　論

具体的事案により異なるため一概に定められませんが，1～2時間，最大でも3～4時間が一応の目安になるものと思われます。

■ 理　由

刑訴法212条1項では，本来の現行犯人の定義として「現に罪を行い，又は現に罪を行い終わった者」としているところ，同条2項において，準現行犯人については「罪を行い終わってから間がない」とし，いずれも犯行終了後の時間的接着性を要求しているものの，準現行犯人の方が，現行犯人よりも犯行終了後の時間に幅を持たせた文言となっています。

現行犯も準現行犯と同様に，具体的にどの程度の時間をいうのかを一般的に定めるのは困難ですが，現行犯の場合，犯行終了後30～40分程度との指摘もあり，即断即決を要する捜査の現場においては一応の目安となります（本書131頁）。

そうすると，現行犯の場合よりも時間的に幅があると解されるのであれば，少なくとも犯行終了後30～40分を超える時間であっても，準現行犯として認められる場合があることとなります。

具体的な裁判例でみると，
① 荷車窃盗の犯行終了の2時間10分後に，盗品である荷車を所持

していた被疑者を逮捕した事例（広島高松江支昭27.6.30）
② 窃盗の犯行から約2時間半後に贓物を所持しているところを発見されて追跡され，その犯行から4時間後に逮捕された事案（最判昭30.12.16刑集9.14.2791）
③ 公選法違反（法定外文書頒布等）の犯行から約3時間25分後に，犯行現場から約1キロメートル離れた場所で，犯罪の用に供したものと同種の文書を所持していた被疑者を逮捕した事例（東京高判昭47.10.13判時703.108）
④ 内ゲバ事件発生後，事件の発生状況等について無線情報を受けた警察官が，犯行の終了から約1時間から1時間40分後の間に，犯行場所から約4キロメートル離れた場所で被疑者を逮捕した事案（最決平8.1.29刑集50.1.1）

等があります。

　具体的事案によって準現行犯に固有の要件や事実関係が異なるので，犯行終了後の時間の幅を一概に論ずることはできません。現行犯逮捕だけでなく，準現行犯逮捕が認められているのは，犯行と逮捕との時間的接着性のゆえ誤認逮捕のおそれが少ないことによるのですから，時間的接着性は厳格に解すべきものと思われますが，あえて時間の幅だけをみると，これら裁判例からして，犯行終了後1〜2時間，最大で3〜4時間というのが，準現行犯を認める上での実務上の一応の目安になるのではないかと思われます。

2 「犯人として追呼されているとき」とは

> 問題46
> 準現行犯逮捕に固有の要件である「犯人として追呼されているとき」とは，どのような場合か。

■ 結 論

特定の犯罪の犯人であると明確に認識している者により，その犯人が逮捕を前提として追跡され又は呼号を受けている場合です。

■ 解 説

刑訴法212条2項1号にいう「追呼」とは，特定の犯罪終了後に，その犯人として追跡又は呼号されている状態をいいます。ここでいう追呼とは，具体的には「泥棒！まて！」と叫ぶなどすることが典型的ですが，犯人を指さすなどして身振り手振りで追いかけている状態を含みます。追跡の仕方としては，走って追いかけるだけでなく，自動車を運転して追尾するなど追跡手段は問いません。

犯罪終了後，継続して追呼することを要しますが，犯人を一時的に見失っても，逃走先が袋小路で間もなく犯人を発見して追呼したような場合は，犯人が入れ替わっているようなおそれのある状況ではありませんので，追呼の継続性が認められます。

準現行犯の場合は，本来の現行犯と比較し，犯行の時間的接着性に幅があるため，犯罪と犯人の明白性が必ずしも高いとはいえず，別途「犯人として追呼されていること」等の要件が必要とされていることからすると，犯行直後から準現行犯逮捕までの間，上記のように，誤認逮捕のおそれがない場合を除き，原則として犯人として追呼されているという追呼の継続性が必要になるものと思われます。

3 凶器等の所持，身体等の証跡

問題47
　金属バットやゴルフクラブ様の物を使った甲市内で発生した傷害事件の犯人Ａ及びＢの両名が白いワンボックスタイプの普通乗用自動車で逃走したとの通報を受けた警察官が，事件発生の１時間後に甲市内の国道を走行中のナンバーが類似する該当車両に似た車両を発見して停車させたところ，運転席にＢが，助手席にＡがおり，後部座席の窓越しに，血の付いた金属バットとゴルフクラブが無造作に置かれているのを発見し，さらに助手席にいたＡの右顔面に打撲傷のような赤みのある腫れと上着の襟首の辺りに真新しい血痕が付着していたのを認めたが，Ｂの身体や被服には顕著な証跡はなかった。
　この警察官はＡ，Ｂ両名を逮捕できるか。

■結論
　Ａ，Ｂ両名を準現行犯として逮捕できます。

■解説
　本設問では，「事件発生の１時間後，傷害事件が発生した同一市内である甲市内の国道を走行中のナンバーが類似する該当車両に似た車両を発見して停車させた」とされているので，準現行犯における「罪を行ってから間がない」との要件や特定の犯罪と結びつける明白性は一応満たしているとして，刑訴法212条２項２号（凶器等所持），同項３号（身体等の顕著な証跡），準現行犯逮捕の固有の要件を満たさないその他の共犯者の逮捕の可否の３点が問題となります。
　まず，凶器等の所持についてですが，刑訴法212条２項２号では「贓

物又は明らかに犯罪の用に供したと思われる凶器その他の物を所持しているとき」と定めています。ここでいう凶器とは，銃や刀剣類のような本来的に凶器となる性質上の凶器だけでなく，本設問にあるような使い方によっては凶器となるバットやゴルフクラブのようないわゆる用法上の凶器を含みます。ただし，用法上の凶器を含むとはいっても，一般的に，殺傷用具としての危険性を人に抱かせない紐のような物はここでいう凶器とはなりません。本設問で警察官は血の付いた金属バットとゴルフクラブを認めているのですから，「明らかに犯罪の用に供したと思われる凶器」ということができます。そして，凶器等を「所持しているとき」とは，現実にそれらの物を把持したり，身に付けたりしている場合は勿論，本設問のように乗車する自動車内に積載している場合も含みます。したがって，A，Bは同項2号に定める凶器を所持している状態であると認めることができます。

次に，同項3号の「身体又は被服に犯罪の顕著な証跡があるとき」についてですが，身体の顕著な証跡としては，最も典型的なものは，犯罪に伴う負傷です。本設問では，Aの右顔面に打撲傷のような赤みのある腫れが認められているのであり，これが身体の顕著な証跡となります。被服に関しては，着衣が破れていたり，返り血とみられる血痕が付着している，あるいは防犯用のカラーボールで着色された場合等が考えられます。なお，被服には，着衣だけでなく，帽子，眼鏡，マスク，靴，手袋といった直接身に着けるもののほか，被服と一体となって身体に接しているナップサックやウエストポーチのような物も含めてよいと思われます。本設問では，Aの右顔面に打撲傷のような赤みのある腫れがあった上，Aの上着の襟首の辺りに真新しい血痕が付着していたのですから，問題なく身体や被服に顕著な証跡を認める

ことができます。

　以上から，Aは，凶器所持と被服等の顕著な証跡が，Bは凶器所持が，それぞれ認められるので，AとBはいずれも準現行犯人として逮捕できることなります。

　なお，Bには身体や被服に顕著な証跡は認められませんが，仮に車内に凶器がなく，Aのみに身体等に顕著な証跡が認められ同項3号だけが準現行犯逮捕の理由になっている場合，Bを準現行犯逮捕できるかが問題となります。このような場合でも，そもそも犯行が複数によるものであったこと，犯人らが同一の自動車に乗って行動を共にしていたことが明らかであることなどから，Aの身体等の顕著な証跡をもって，それがないBについても同様の理由で準現行犯逮捕できると解されています（東京高判昭62.4.16判時1244.140）。

4　「誰何されて逃走しようとするとき」とは

> 問題48
> 　火炎瓶を住居に投入した放火未遂等の事件発生直後に指令を受けて現場に急行した警察官甲が，引き続き犯人を捜索し，事件発生後50分を経過したころ，現場から約1キロメートル離れた場所で，事前に得ていた情報から人着が犯人に酷似するAを発見した。そこで，甲が懐中電灯で照らし警笛を鳴らすと，Aが甲を警察官であると察知し逃走しようとしたので，逮捕した。この逮捕は適法か。

■ 結　論

　刑訴法212条2項4号の「誰何されて逃走しようとするとき」に該当

し，準現行犯逮捕として適法といえます。

解　説

「誰何」の本来の意味は，相手が何者か分からないときに，呼び止めて姓名を問いただすことですが，刑訴法212条2項4号にいう誰何は，その本来の意味よりも広く，必ずしも姓名を問いただすだけでなく，「こんなところで何をしているのか。」「どこに行こうとしているのか。」などと尋ねたり，単に「もしもし」とか「どうしましたか。」などと呼び掛けたりするのも誰何に当たるとされています。さらには，口頭による呼び掛けだけでなく，本設問のように，警察官が犯人を懐中電灯で照らし，警笛を吹くことも「誰何」に当たると解されています（最決昭42.9.13刑集21.7.904）。

本設問では，事件発生後約50分経過し，事件現場から約1キロメートル離れた場所で，犯人と人着が酷似するＡを発見して逮捕していますが，経過時間及び距離関係からして，準現行犯の「罪を行い終わってから間がない」と認められること，前述したように，本設問の犯人は「誰何されて逃走しようとする」ものであったことから，準現行犯人とみることができるのであり，逮捕は適法であるといえます。

なお，警察官が単に警ら中に，たまたま何らかの犯罪を犯したと疑われる不審者を発見したところ，その不審者が警察官の制服姿を見ただけで方向転換して直ちに逃走を開始した場合では，警察官による「誰何」があったとはいえませんし，仮に，その後，警察官の職務質問が始まり，これを「誰何」と解したとしても，何らかの犯罪を犯したとの疑いがあるだけでは準現行犯人と認めることはできません。この点，本設問では，放火未遂等の事件発生を受け，警察官甲が現場に急行し犯人を捜索していたところ，人着が犯人と酷似するＡを発見し逮

捕していますので，Aは，まさに特定の犯罪についての準現行犯人であるといえます。

第3編　勾留

第3編　勾留

　本編では，勾留について，被疑者勾留，被告人勾留，勾留理由開示に分け，以下のとおり，それらの処理において考慮すべき事項を扱います。

【被疑者勾留】
　被疑者勾留は，逮捕前置主義の考え方がとられている上，逮捕から勾留請求までの厳格な時間制限が要求されています。勾留の理由としては，被疑者の住居不定，罪証隠滅のおそれ，逃亡のおそれが必要とされているところ，これらの勾留の理由やその評価についても様々な問題があります。また，勾留延長の事由についても，実務においてよく挙げられる事由として，共犯者未検挙，参考人取調未了，示談未了等のほか，余罪取調べを事由に挙げられるかなどの問題もあります。こうした問題に加え，本章では，少年の勾留，勾留通知等についても取り挙げています。

【被告人勾留】
　被告人勾留は，被疑者勾留から公訴が提起されたことにより切り替わるものと，被疑者の逮捕・勾留を前提とせずに公訴提起とともに，又は既に公訴提起されている被告人に対するものがあります。前者については，改めて裁判官の審査を経ることなく，検察官の公訴提起により被告人勾留に切り替わるので，勾留状記載の事実と公訴事実との同一性の問題や勾留中在庁略式請求で略式不相当になった場合の被告人の身柄処理の問題等がありますし，後者については，逮捕前置主義がとられていないことから，被告人勾留に先行する被疑者の逮捕・勾

留の適法性に問題があった場合の対応,逮捕中求令状起訴で職権を発動しない場合の処理の問題等もあります。これらのほか,勾留更新に関する問題等についても取り挙げました。

【勾留理由開示】

勾留理由開示については,開示請求権者,裁判官の忌避に対する考え方,弁護人が正当な理由なく出頭しない場合の対応,釈明の対応と証拠の内容の開示の程度等に加え,勾留理由開示の一般的な流れなどを取り挙げています。

第1章　被疑者勾留
第1　勾留の理由
1　完全黙秘

> 問題49
> 　被疑事実のみならず，氏名，住居及び職業等についても全面的に黙秘しているいわゆる完全黙秘は勾留の理由になるか。

■ 結　論

完全黙秘それ自体は，勾留の理由になりません。

ただし，完全黙秘により住居不詳となれば，刑訴法60条1項1号の「住居不定」に該当する場合はあります。

■ 理　由

被疑者が黙秘権を行使していることをもって，罪証隠滅の意図がある，あるいは逃亡のおそれがあると推測することは，黙秘権の保障の趣旨に反して許されません。

しかし，完全黙秘の供述態度から被疑者に不利益な推測をした結果ではなく，被疑者の住居が不詳であるという場合，住居不定に当たるとされる場合もあり（東京地決昭43.5.24下刑10.5.581），住居不定として勾留の理由になる場合はあります。

■ 請求側・捜査側の留意点

例えば，公務執行妨害の現行犯逮捕による場合，逮捕に伴う捜索差押えにより押収した被疑者の運転免許証等の身分を証明できるものについて，速やかに照会するとともに犯歴照会をかけるなどして人定を明らかにしておく必要があります。

公務執行妨害等で完全黙秘の場合等は，捜査官としては，犯行動機

の解明等に汲々としがちですが、こうした供述態度は単なる警察権力に対する抗議心に過ぎないような場合もありますので、被疑者のペースに乗って本来の捜査目的を忘れてはなりません。現行犯逮捕である以上証拠もほぼそろっており、罪証隠滅のおそれは低く、氏名や住居が明らかになれば、逃亡のおそれも低くなり、結局、人定を明らかにすることが身柄拘束の継続については消極要素を増すことになることもあります。しかし、捜査官としては、不必要な身柄拘束はできるだけ避けるつもりで事案の解明に当たるべきであり、こうした姿勢が捜査機関に対する信頼につながっていくものと思われます。

審査側の対応

完全黙秘で氏名や住居等が判明せず、一件記録上も人定に関する資料がほとんどないような場合、住居不詳により刑訴法60条1項1号「住居不定」とせざるを得ない場合があるのはやむを得ないものと思われます。しかし、黙秘権の保障は、自己が刑事上の責任を問われるおそれのある事項について供述を強要されないというところにあるのですから、氏名のごときは不利益な事項に該当しないこと（最大判昭32.2.20刑集11.2.802）、氏名や住居等を供述すること自体で被疑者が法律上の不利益を被ることがないことを分かり易く説明して被疑者を説得することも考えられるところです。

また、特異な例として、被疑者が氏名、住居等について完全黙秘であったところ、準抗告審において、その被疑者が同裁判所に係属中の被告人であることが判明したため、その被疑者の住居が裁判所に顕著な事実であるとして、住居不定を否定したものがありますが（札幌地岩見沢支昭41.7.6刑資236.179）、このような偶々裁判所に顕著な事実として判明した場合だけでなく、審査側としては、一件記録の読み

込みや勾留質問からできるだけ被疑者の身上についての手掛かりになるものを探し出し，場合によっては，それらに基づき事実の取調（刑訴法43条3項，刑訴規則33条3項）を行い住居等について判断資料を収集すべき場合もあろうかと思います。

2　罪証隠滅のおそれ

問題50
　前科前歴のない会社員が，通勤途中の電車内で，中学生の被害少女の股間等をスカートの上から触ったいわゆる迷惑防止条例違反被疑事件について，被疑者が被害者と全く異なる供述をして否認している場合に，被害少女に働きかけるなどして罪証を隠滅すると疑うに足りると認められるか。

■結　論
供述が食い違うというだけでは現実的，具体的な罪証隠滅の危険性があるとはいえません。

■理　由
本設問は，最一決平成26年11月17日（刑集315，183）の勾留請求却下の裁判に対する準抗告の決定に対する特別抗告事件の類似事例です。

上記最高裁決定は，原々審は，罪証隠滅のおそれを肯定しつつ，その可能性が低いと判断したことから勾留の必要性を否定したものと考えられるところ，原審は，被害少女に対する現実的な働きかけの可能性もあるというのみで，その可能性について原々審と異なる判断をした理由が何ら示されていないとして，原決定を取り消し準抗告を棄却

しました。

　罪証隠滅のおそれの判断に当たっては，(1)罪証隠滅の対象，(2)罪証隠滅行為の態様，(3)罪証隠滅の客観的可能性と実効性，(4)罪証隠滅の主観的可能性の各要素を，具体的な事案に則して検討するのが相当であるとされています。

　このうち，本設問では，特に(2)，(3)が問題となりますが，例えば，被疑者と被害者に全く面識がなく，相互の生活圏も異なり，事件当時出先で偶然居合わせたような事案においては，被疑者が被害者に働きかけるといった態様の罪証隠滅行為は，客観的に可能性も低く，実効性が消極に解されることも少なくありません。

　本設問の事案のように，通勤通学の電車内で発生したいわゆる痴漢の事案であり，被疑者が被害少女に接触する可能性が高いことを示すような具体的事情がうかがわれないのであれば，罪証隠滅のおそれについては消極に解さざるを得ません。

■ 請求側・捜査側の留意点

　捜査側としては，前記最高裁決定を受けて，罪証隠滅のおそれの判断については，これまで以上に慎重な検討を要することは言うまでもありません。しかし，類型的な判断に陥り，本設問のような同種事案については，およそ罪証隠滅のおそれを認めることはできないと一律に考えることも，またよろしくありません。勾留請求の際の罪証隠滅のおそれに関する疎明資料は，特に現行犯逮捕の場合は一層そうですが，逮捕から勾留請求までの短期間の捜査にかかっています。被害者供述から同一被疑者による複数の被害が疑われる場合，あるいは被害者の認識が希薄でも被疑者の携帯電話機の画像データ等から特定の被害者のみを狙った疑いがでてくる場合等もあり得ますので，こうした

疑いを看過し十分な捜査ができなかったということのないようにすべきです。このように捜査の十全を図ることが，ひいては，逮捕留置段階も含め被疑者の早期釈放にもつながります。

第2　勾留の必要性
1　更生施設への収容

> 問題51
> 　起訴される見込みがきわめて低いと思われる軽微な無銭飲食の事件（犯罪の成立は疎明資料から明白で罪証隠滅のおそれもほぼない）で，たまたま被疑者が引き取り手のないホームレスであり，そのまま釈放すれば同種事案を繰り返す恐れが多分に認められる場合に，被疑者を更生施設に収容する手続をとる間，身柄を拘束するという理由で勾留請求がされた場合に，勾留は認められるか。

■ 結　論

捜査目的を達するためでなければ勾留は認められません。

■ 解　説

　勾留の目的は，捜査の目的を達するために罪証隠滅及び逃亡の防止を図るところにあるのであり，その捜査の目的は，公訴の提起，公判の維持遂行にあるのですから，結局，起訴の見込みがないものは，捜査の目的が欠けます。したがって，刑訴法60条1項各号の事由が認められても，捜査以外の目的だけでの勾留は必要性がないので認められないことになります。本設問にあるように，被疑者を更生施設に収容することだけが目的であれば，もはや捜査のためとはいえませんので，勾留は認められません。

　もっとも現行刑訴法は，起訴独占主義及び起訴便宜主義をとっており，起訴すべきか否かは検察官の専権に属していますので，勾留請求の段階で，事案の内容からして起訴される見込みがきわめて低いと思われたとしても，そのことのみをもって勾留について消極的な判断を

するのは適当ではないようにも思われます。

■ 審査側の視点

　検察官が勾留請求をしてくる場合，純粋に更生施設への収容のみを目的とする請求は極めて稀です。ほとんどのケースでは，捜査を遂げなければ処分について判断がつきかねるところ，最終的な処分の見込みとして更生施設への収容もあり得るという含みを持たせたもので，その場合には，実務上，検察官が勾留請求書に，刑訴法60条1項各号の該当事由のほかに，その趣旨を付記してくることもありますから，それを参考にした上で，なお疑問がある場合には，検察官に直接問い合わせるのがよいと思われます。

　いずれにしても，そのようなケースでは，事案明瞭で，証拠も固く，自白していることが多いでしょうから，勾留するとしても，検察官に対し，早期処理相当を促すなどして，勾留期間が必要以上に長くならないように配慮した運用が必要になるものと思われます（裁判所によっては，早期処理相当である旨検察官に伝え，事後的にその報告を求めているところもあることについては，本書168頁参照。）。

2　自殺のおそれ

> 問題52
> 　自殺のおそれがあるという理由により被疑者を勾留することはできるか。

■ 結　論

　自殺のおそれがあるというだけでは直ちに勾留の理由とは認められませんが，自殺のおそれが逃亡のおそれの重要な徴表とみられる場合

には，逃亡のおそれを認めることができる場合があります。

■ 解　説

　実務上，勾留請求の審査をしていますと，検察官が，勾留の理由として刑訴法60条2号，3号（逃亡，罪証隠滅のおそれ）を掲げるほか，補充的に「被疑者には自殺のおそれあり」等と付記をしてくるのをみることがあります。一件記録から被疑者の自殺のおそれが認められる場合，これが刑訴法上の罪証隠滅のおそれ，逃亡のおそれに当たるとみることができるかということが問題となります。

　まず，自殺のおそれを罪証隠滅のおそれとみることができるかどうかについて検討します。被疑者が死亡すれば被疑者の取調べができなくなり，事実について最も真実を知っている被疑者からの供述を得ることができなくなるのですから，これは事実上の究極の罪証隠滅行為であると考えることができなくはありません。しかし，被疑者の供述が証拠であるとしても，被疑者には黙秘権があることからすれば，供述が得られることを当然の前提として，自殺のおそれを罪証隠滅のおそれとみることはできないこと，一般に，罪証隠滅のおそれの「罪証」には，被疑者の供述は含まれていないと解されていることなどから，自殺のおそれを罪証隠滅のおそれと考えることはできないものと思われます。

　次に，自殺のおそれを逃亡のおそれとみることができるかですが，自殺をするために山奥や海に行くことがあるから，それが逃亡といえるとか，端的に「あの世への逃亡」ということもできるとの考え方もあります。

　しかし，逃亡のおそれの「逃亡」とは，その文理解釈からすれば，被疑者が生存して所在不明になることを前提としていると解するのが

自然であり，自殺により被疑者が死亡するおそれがある場合までを含むのには無理があります。

　ただ，被疑者に自殺のおそれがあるような場合は，そもそも生活状況が安定していないことも多く，犯した犯罪自体が重大で，被疑者自身にもその認識があり自殺によって事態を精算しようという気持ちを強く持っていることも少なくありません。そうした気持ちが，刑事訴追を免れるために逃亡しようとの気持ちに転じ易いことも経験則上否定できないところです。自殺志願者が死にきれなかったとして逃亡することはしばしばあることです。

　このように考えてみますと，被疑者が自ら犯した犯罪事実のために自殺を企てるおそれがある場合は，それ自体が逃亡のおそれに直接該当しないとしても，逃亡のおそれについての重要な徴表とみることはできます。したがって，これとその他の諸事情を考慮し，逃亡のおそれがあると評価することは可能である場合があると思われます。

　なお，被疑者が，うつ病等の精神疾患にかかっており，そのために従来から自殺念慮が強いような場合で，犯した犯罪と関係ないところで自殺のおそれがあるとなると，逃亡のおそれがあるとの評価には消極にならざるを得ないものと思われます。犯した犯罪事実と無関係なところで，単に自殺のおそれがあるというに過ぎない場合であれば，その自殺防止は勾留の目的を超えており，もはや刑事手続においてなされるべきものではありません。

第3　勾留延長の事由
1　共犯者未検挙

> 問題53
> 　勾留延長の理由として，「共犯者（未検挙）取調べ未了」を挙げた場合，勾留延長は認められるか。

■ 結　論

認められない場合があります。

■ 解　説

　被疑者A及びBの共犯の事件で，最初の10日間の勾留期間内において，Aが，共犯者Bについて自供するに至って所要の捜査を遂げてBの所在が判明し，Aの勾留延長期間内にBを逮捕して取調べができるといった見通しが立ったような場合は，共犯者未検挙は，Aの勾留延長の理由になり得ます。

　しかし，同じ共犯者未検挙であっても，所在がわからず，Aの勾留期間を延長してもBを逮捕できるか見通しが立たないようであれば，共犯者Bの未検挙をAの勾留延長の理由とすることはできません。

　刑訴法208条2項に規定する勾留延長の要件としての「やむを得ない事由」の意義については，「事件の複雑困難（被疑者もしくは被疑事実が多数のほか，計算複雑，被疑者関係人らの供述又はその他の証拠のくいちがいが少なからず，あるいは取調べを必要と見込まれる関係人，証拠物等多数の場合等），あるいは証拠収集の遅延若しくは困難（重要と思料される参考人の病気，旅行，所在不明もしくは鑑定等に多くの日時を要すること）等により勾留期間を延長して更に取調べをするのでなければ起訴もしくは不起訴の決定をすることが困難な場合」を

いうとされています（最三昭37．7．3民集16巻7号1408頁）。

　共犯者未検挙が，その取調べをしなければ「起訴不起訴を決定することが困難な場合」でなければならないのですから，勾留延長をしても未検挙共犯者が所在不明であり，検挙の見込みが立っていないのであれば，勾留延長の理由にできないということになります。

■ 請求側の留意点

　司法警察員等が，共犯者未検挙を理由とする勾留延長必要性の報告書を作成する場合，これまでの捜査経過を踏まえ，以下の諸要素を時系列に記載して作成するのが望ましいものと思われます。

① 　共犯者が判明するに至った経緯

　　被疑者，被害者又は目撃者からの供述，遺留品捜査等の共犯者が浮上した捜査経緯から，共犯者の具体的存在について知ることができます。

② 　共犯者が判明した後の所在捜査の結果

　　携帯電話の位置探査，行動確認等により共犯者の所在がある程度明確になり，共犯者検挙の可能性について説得力が出てきます。

③ 　共犯者についての逮捕状等の請求準備の状況

　　強制捜査の準備ができていることで，共犯者検挙の現実的可能性を示すことができます。

④ 　逮捕状の執行等の検挙が見込まれる時期

　　これにより，具体的に必要とされる延長請求期間がどの程度か分かります。

　他方で捜査を主宰する検察官としては，被疑者取調べによる共犯者割り出し，司法警察員等から共犯者の所在捜査等についての随時の報告聴取を通して前記①ないし④を把握した上，共犯者を検挙してその

第3編　勾留

取調べをすることが，本件事案の解明や被疑者の起訴・不起訴を決するにどれほどの必要性・重要性があるのかを十分に吟味検討した上で，延長請求の理由とすべきです。

共犯者の検挙の可能性も薄く，共犯者との共謀状況等についても，電子メールのやりとりなど他の客観的な証拠関係から一応の立証が可能である場合等は，延長理由として認め難くなる場合もあります。

審査側の視点

一般に，共犯者未検挙の場合，事件の全貌が明らかにならず，被疑者が罪を他の共犯者に転嫁している危険もあり，事件の解明が尽くせないことは少なくないですから，捜査の必要性は認められ易いと考えられています。

しかしながら，上記判例にある「やむを得ない事由」の意義から考えた場合，必ずしも，共犯者未検挙が勾留延長の理由として認められるとは限らないのであり，検察官作成の請求書記載の理由，捜査側の留意点で述べたような共犯者の捜査状況についての報告書等をよく精査した上で，勾留延長の理由として認められるかを判断することとなります。

2　被害者調べの必要性

問題54

傷害事件で，被害者が受傷した傷害とは別の病気療養中のために，その事情聴取が未了であるという理由から，10日間の勾留延長の請求があったが，延長請求の一件記録では，被害者が勾留延長の期間内に事情聴取に応じることができるようになるか明らか

> でなかった場合，どうすべきか。

■ 結　論

検察官に釈明を求めて，延長期間内に被害者の事情聴取が可能となることを疎明してもらう必要があります。

■ 解　説

傷害事件の被疑者が犯行経緯や暴行態様等について否認しており，被害者の事情聴取をしなければ，被疑者の処分を決することが困難な場合には，被害者が病気療養中のため事情聴取が未了であるというのは，勾留延長理由として「やむを得ない事由」に当たります。しかし，そもそも被害者の病気療養が長期化しておりその期間が勾留延長期間を超えて事情聴取が困難というのであれば，勾留延長すること自体意味がなく，被害者の事情聴取未了というのは延長理由にはなりません。

■ 請求者側の留意点

検察官としては，被害者がどのような病気で治療中であり，事情聴取はいつ可能となるのか，その見込みについて被害者や被害者の主治医から聴取するなどしてその聴取報告書を疎明資料とすべきですし，勾留延長の理由にも，その点をしっかりと明示すべきであると思います。こうした資料がなく，漠然と被害者が病気療養中であるという理由で，被害者事情聴取未了を延長理由としているのであれば，裁判所の方から検察官に釈明を求めて，被害者の事情聴取が可能となる見込み等についての関係資料の提出を促す必要があります。こうした釈明をしても，検察官において何らの疎明がない場合には，被害者の事情聴取未了を勾留延長の理由としての「やむを得ない事由」とみることはできないという判断に傾かざるを得ません。それ以外に延長の理由

がなければ，延長請求を却下せざるを得ないことになるものと思われます。

　なお，例えば，被害者の事情聴取の理由が認められたとしても，傷害の結果等から略式起訴が見込まれる事案であるからといって，それだけをもってして延長請求が認められないということにはならないと思います。事案が軽微でありそもそも勾留も認める必要はなかったということであれば，延長が認められないのはもちろんです。しかし，最終的な起訴・不起訴の処分，起訴するにしても公判請求か略式起訴かの判断は検察官の専権ですし，捜査を遂げるまでそれは何ともいえません。また，警察官による被害者事情聴取が終了していたとしても，被疑者の取調べ，犯行再現見分等を経てなお，被疑者の言い分が被害者の供述や他の客観証拠と整合しないなどすれば，検察官による被害者事情聴取やこれに基づく検察官調書の作成の必要性もでてくることもあります。その処分が略式起訴となる可能性がそれなりにあったとしても，被疑者による正式申立があれば公判審理となるわけですから，被害者の検察官調書の必要性も否めないわけです。こうした様々な諸事情を考慮し，検察官による被害者事情聴取が必要な場合は，勾留延長に際し，単に「被害者の事情聴取未了」とするのではなく，「**検察官による**被害者の事情聴取未了」としっかり明記し，その趣旨を明らかにしておく必要がある場合もあります。

3　示談未了を理由とする勾留延長の可否

> **問題55**
> 　自動車販売会社の営業社員が，顧客から預かった自動車販売の残代金50万円を預かり保管中に，着服した業務上横領の被疑事件について，「示談未了」を理由として勾留延長の請求をすることはできるか。

■ 結　論
勾留期間の延長理由にはなりますが，それだけでは理由が弱いと判断されることがあります。

■ 解　説
本設問のような財産犯の場合，示談が成立するか否かは，犯行後の情状として，起訴・不起訴を決する上で大変重要な事実となることは間違いありません。また，勾留延長期間内にする捜査には，公訴を提起・維持するための積極的な捜査だけでなく，不起訴処分を決するための消極証拠や被疑者に有利な情状事実を発見収集保全する捜査も含まれるでしょうから，示談未了は延長理由になるものと思います。

　ただ，他方で，示談未了ということは，少なくとも勾留事実については，ある程度捜査を遂げて事実関係が確定し，被疑者も事実を認めていることが多いでしょうから，罪証隠滅のおそれがそれほど高いとは思われません。被害金額の多寡等事案の内容にもよりますが，例えば，本設問の事案で，他に余罪がなく，仮にあっても立件の見込みが立たず，しかも初犯であれば，逃亡のおそれもそれほど高いものではないでしょうから，そうした場合には，示談未了という理由だけでは，延長理由としては弱いと判断されることがあるものと思います。その

場合には，勾留延長の請求をせずに，在宅に切り替えて示談の成り行きをみるということも考えられます。

　ところが，本設問と同様の事案で，勾留事実自体は，被害額がさほど大きくなくても，余罪が複数あり，それら全ての事実について被害者との間で示談が成立しなければ，本件だけでなく，余罪も逐次再逮捕又は追起訴していかなければならないという事情が伏在している場合，示談未了の延長理由の意味合いが先ほどのものと異なってくるものと考えます。勾留延長請求に当たり，余罪を考慮できるかなどの問題はさておき，このような場合で勾留延長期間内に本件と全ての余罪について示談が成立する見込みがあるようであれば，むしろ，被疑者の身柄拘束期間が短くなる，あるいは，全ての事件について一挙に解決できるというメリットがあることは間違いありません。こうしたケースでは，弁護人においても被疑者や被害者から聴取するなどして被害の全貌等を把握し，検察官と連絡し合うなどした上で事を進めていることもあるでしょうから，検察官において，勾留延長請求をするにあたり，示談の可能性，時期等に加え示談成立による余罪処理の見込み等を簡潔に示すと分かり易い請求となるものと思われます。

4　余罪取調べ1

> 問題56
> 　いわゆる特殊詐欺（振り込め詐欺等）の被疑事実で勾留中の被疑者について，余罪取調べを理由として勾留期間の延長は許されるか。

■ 結　論
勾留期間の延長が許される場合があります。
■ 解　説
　事件単位の原則からすれば，勾留の基礎となった被疑事実に関して捜査を遂げており，検察官において起訴・不起訴の判断ができる段階に至っているのであれば，余罪取調べだけを理由として勾留期間の延長を認めることはできません。この場合，余罪について勾留の理由及び必要がある場合には，別途，被疑者を逮捕して勾留をするべきです。
　しかし，余罪が勾留事実と同種の行為で，それら余罪の捜査によって，勾留事実に関して事案の全容が解明されたり，その犯罪意図が明らかになったりする場合には，余罪の捜査そのものが勾留事実の捜査とみることができますから，余罪の捜査を理由として勾留期間の延長が許される場合があるものと思われます。
　ただし，その場合でも，余罪について，勾留事実と同じ程度にまで，罪を犯したと疑うに足りる相当な理由があることは必要ではないものの，単に何らかの余罪がありそうだといった抽象的なものでは理由にはなりません。
　また，余罪が勾留事実よりも結果が重大であったり，事案が複雑であったりして延長期間内では捜査の完了が見込めないようなものであっても，やはり延長の理由とはなりません。
　したがって，余罪捜査が延長の理由となるには，
　①　被疑者が余罪について具体的に供述している
　②　余罪が，勾留事実と同種の事実である
　③　余罪が，勾留事実と比較し，事案が複雑でなく，結果も重大でない

第3編　勾留

④　余罪が勾留事実と密接に関連している

等が必要になってくると思われます。

請求側の留意点

　延長請求をするに際し，余罪捜査を理由とする場合は，勾留延長請求書に別紙引用されている延長理由について，単に「余罪捜査未了」とするのではなく，「本件についての犯罪意図を明らかにするための余罪捜査未了」，「本件事案の全容を解明するための余罪捜査未了」等とした上で，その具体的理由を簡潔に記載するのが望ましいと思われます。

5　余罪取調べ2

> 問題57
> 　被疑者が駄菓子1個（被害額30円）を窃取したとされる窃盗被疑事件について，被疑者に窃盗の前歴数件，同種略式罰金（20万円）の前科を有する場合，同種余罪捜査を理由としての勾留延長の請求は認められるか。

結　論

認められる場合があります。

解　説

　本設問のような事例では，本件以前に罰金前科がありますが，本件が事案軽微であるため，再度，略式請求すべきか，今回については公判請求をすべきか，その判断が悩ましいところです。本設問のような場合，余罪捜査をした結果，余罪については起訴できず本件のみで処理を決することとなれば，もう一度，略式請求するということもあ

り得ますし，余罪も抱き合わせで起訴できるようであれば，公判請求に判断が傾き易くなることもあるでしょう。このように本件だけで起訴価値があるかどうか，起訴・不起訴を決し難いという場合だけでなく，略式請求すべきか，それとも公判請求すべきか，という判断においても余罪捜査が必要な場合がでてきます。こうした余罪捜査にあたっては，事件単位の原則を厳格に貫き，あらためて余罪について再逮捕・勾留すべきとの考え方もありますが，かえって身柄拘束が長期化するという憾みがあります。本設問にあるような事例では，処分決定に必要な余罪捜査未了を理由として延長請求を認める方が，再逮捕・勾留の場合と比較し身柄拘束の期間が短く済みますし，同時審判の利益の観点からも，被疑者に有利にはたらくものと思われます。なお，この場合でも，余罪について勾留の理由が認められる程度の十分な嫌疑が必要である上，延長期間内にその捜査を遂げられる見込みがあることなどが必要となってきます。具体的には，被疑者が余罪について自供しており，その裏付け捜査も容易であることなどが延長理由として認められるためのポイントとなるものと思われます。

第3編　勾留

第4　勾留状の効力

> 問題58
> 　刑訴法60条1項各号の記載がない勾留状は無効か。

結　論

直ちに無効とはいえないものと思われます。

解　説

　刑訴法44条によれば，裁判には理由を付さなければならないので，勾留に関する裁判である決定又は命令についても理由を付さなければなりません。刑訴規則70条においても勾留状には刑訴法60条1項各号に定める事由（以下「勾留の理由」という。）を記載しなければならないとされています。したがって，勾留の理由の記載がない勾留状は，刑訴法・刑訴規則の定めに反したものとなります。

　しかしながら，勾留の理由の記載を欠いた勾留状が直ちに無効になるとは解されていません。ただし，勾留更新決定の際等に，勾留の理由を示すべきであるとされています。勾留の理由は，変動することもあり得るわけですから，勾留更新決定の際に改めて勾留の理由を判断したものを示せばよいことから，そのように考えられているものと思われます。

　なお，是正の方法として，実務上，民訴法257条を準用して更正決定によることが考えられます。勾留の理由の記載が全くない場合に，これを一から補充するというのは，同条にいう「計算違い，誤記その他これらに類する明白な誤り」とは考え難いですし，更正決定によるとなると，勾留更新決定の際のように，その判断の際の勾留の理由ではなく，勾留状発付時の判断を後付するというおかしなことになります

ので，いずれにしても更正決定では難しいように思われます。
　結局，不適法ではあっても無効ではない勾留状ですので，不適法であることが，判明するまでの勾留が違法となるものではありませんが，勾留の理由の遺脱が判明した時点において，職権で勾留を取消し（刑訴法87条），改めて勾留の理由の記載がある勾留状で勾留をせざるを得ないものと思われます。

第3編　勾留

第5　被疑者国選弁護人の選任請求に関する教示

> 問題59
> 　弁解録取，勾留質問に際し，被疑者国選弁護人の選任請求に関する教示は，どの程度行えばよいか。

解　説

　平成16年法律第62号により被疑者国選弁護人の制度が導入され，運用開始当初の対象事件は，死刑，無期又は短期1年以上の懲役若しくは禁錮に当たる罪（法定合議事件相当：裁判所法26条2項2号参照）でしたが，平成21年5月21日以降は，死刑，無期又は長期3年を超える懲役若しくは禁錮に当たる罪（必要的弁護事件相当：刑訴法289条1項参照）に拡大され，さらに，平成28年5月には同年法律第54号により全事件が対象（刑訴法37条の2）となり，平成30年6月1日に施行されました。

　被疑者国選弁護人の制度趣旨は，勾留された被疑者について，捜査段階から弁護人の援助を受ける権利を実効的に担保するところにあるのであり，弁解録取時又は勾留質問時においては，被疑者がその趣旨を十分に理解できるように，選任請求に関する教示を適切にしておかなければなりません（刑訴法203条，204条，207条）。

　他方で，弁解録取においては，逮捕後の留置継続や勾留請求の要否について，勾留質問においては，勾留請求後の勾留の要否について，それぞれ検討判断するために，いずれも合理的かつ速やかに手続を行わなければならない要請もはたらいています。

　したがって，被疑者の年齢，学力，理解力，知的障害の有無とその程度，質問応答の様子等に十分に注意を払いながら，適宜，その教示

に関して緩急を使い分ける必要があります。

　警察の留置施設において，すでに留置担当者等に国選弁護人の選任請求をしているいわゆる事前請求がある場合は，国選弁護人に関する教示は法令等に定められた定型的なもので十分であると思われます。ただし，この場合でも法令等で要求されている教示を省くことはできません。

　これに対し，少し踏み込んだ教示が必要になる場合もあります。

　例えば，被疑者に若干の知的障害があるなどの理由から，国選弁護人の意味を十分に理解できていないようであれば，その理解力にあわせて，少し目線を下げて「あなたのために弁護してくれる弁護人に報酬を払うだけの十分なお金がないなどの理由があり，それをあなたが申告して弁護人を付けることを希望すれば，その費用をあなたに代わって国が負担して，あなたに弁護人を付けてくれる仕組みです」などとかみ砕いて教示すべきですし，知識不足や誤解から漠然と弁護人は不要だと思っている様子がうかがえれば，被疑者段階の攻撃防御としてはもちろん，差し入れ，親族や職場関係への連絡等弁護人の有用性について十分に説明をすべきだと思われます。

　また，ごくまれに，被疑者の中には，どのように得た知識か分かりませんが，後日，国選弁護人にかかった費用を国から請求されるのではないかと心配して国選弁護人の選任の申し出をしないと答えた者がいたことがありました。確かに，公判請求され有罪判決を受け，あるいは略式起訴され略式命令が発付されれば，訴訟費用としてその負担を命じられることがあり得るので，その理解は間違いとはいえません。しかし，そもそも貧困等を理由とした被疑者国選であれば資力要件として現預金等が基準額以下であることになっており，実際に資力が十

分なければ，一般的には，被疑者に訴訟費用の負担が命じられないことが多いですし，仮に命ぜられたとしても免除の申立てもできます。ですから，誤った教示にならないことに注意を払いながらも，被疑者の不安感を取り除き，国選弁護人選任請求権の行使の妨げにならないように「最終的にはそのときに担当した裁判官が判断しますので，ここではっきりとしたことは言えませんが，あなたのように資力が十分でないケースでは訴訟費用の負担が命じられることはあまりないものと思われます。」程度でよいのではないでしょうか。言うまでもありませんが，被疑者に訴訟費用の負担を積極的に懸念するような言動等がなければ，触れる必要はないと思います。いずれにしても，一番大切なことは，被疑者に余計な考慮が働いたことが判断の妨げとなり，その結果，十分な国選弁護人選任請求権の行使ができなかったということがないようにすることにあると思います。

第1章　被疑者勾留

第6　勾留場所の選定基準

> 問題60
> 　被疑者の勾留場所を，刑事施設（拘置所），留置施設のいずれにするのかに当たり，考慮すべき事情にはいかなるものがあり，どのように判断されているか。

■ 結　論

　事件の性質，被疑者の年齢，心身の状況，勾留場所の所在地，交通事情，引き当たりや面通しの必要性，証拠品の数量等，諸般の事情を総合考慮した上で，刑事施設（拘置所），留置施設のいずれが適当か判断することとなります。

■ 解　説

　勾留場所の指定は，裁判官が，その勾留請求事件について認められる諸事情を勘案して健全な裁量によって決めるべきものであり，刑事施設又は留置施設を勾留場所とするのに，特段の事情又はやむを得ない事情は要しないものと考えられています。

　刑訴規則上，勾留すべき場所は，勾留請求書の記載要件とはなっていませんが（刑訴規則147条1項参照），実務的には，まず，検察官が，事件の性質，共犯関係，被疑者の特性，捜査の便宜等を考慮し，第一次的な判断として勾留請求書に「勾留すべき場所」を記載して，勾留請求をしてきます。

　裁判官としては，勾留請求書記載の「勾留すべき場所」は一応の参考にはしますが，これはあくまで捜査側である検察官の意見ですので，これに拘束されることはなく，個々の勾留請求事件ごとに，上記結論で示した諸事情を総合考慮し，刑事施設（拘置所）と留置施設のいず

— 163 —

れを勾留場所とするのが適当かを判断しているのが実情です。

現行法の「刑事収容施設及び被収容者等の処遇に関する法律（以下「施設法」という。）」においても，旧監獄法時代の同法1条3項本文のいわゆる代用監獄に関する定めと同様に，被疑者を刑事施設（拘置所）に収容することに代えて留置施設に留置することができるとする定め（施設法15条1項）があることから，旧監獄法時代の代用監獄問題は，本質的に解消せず代用刑事施設の問題へと移行したに過ぎないとの批判もあります。

問題の根底には，留置施設における処遇や取調べに対する否定的な評価があると思われますが，施設法施行以来，留置施設に関する種々の制度的改善が大幅になされ，旧監獄法時代と比較し大きな変化をしているところであり，仮に個々具体的に問題があったとしても，それは勾留場所を指定する際に，あるいは不服申立てにおいて考慮されるべきことです。また，旧監獄法においてもそうでしたが，施設法においても，いかなる場合に留置施設に留置できるかについて定めた規定はなく，留置施設での被疑者の勾留も，場所が留置施設であるというだけで，被疑者の勾留としては拘置所でのそれと特段の差異があるものとされているわけではありません。伝え聞くところによれば，かえって事実上のメリットとして，留置施設のある警察署は，拘置所に比べて場所的・時間的に便利な場所に数多くあることから，被疑者の接見等刑事弁護活動がし易いとの指摘もあるようです。

いずれにしても，施設法が施行され，留置施設を含む刑事収容施設が制度的にも大きく改善されている今日においては，被疑者の処遇や取調べ等に関する一般的抽象的懸念等から留置施設を代用刑事施設として否定的に考えるよりも，個々具体的な事案の個別の事情に即した

裁判官の健全な視点から，その刑事収容施設には面通しの設備はあるか，危険な証拠品を多数提示して被疑者調べをするのに支障はないか，少年や女子については，専用房があるが，共犯者があるなどの場合に分散留置が必要か，犯行場所からの距離はどの程度か，弁護人の弁護は十分に受けられるか，被疑者の家族等の接見の便等冒頭の結論で挙げた様々な事情を総合考慮の上で判断をしてこそ，はじめて柔軟で妥当な結論が出せるものと思われます。

第3編　勾留

第7　勾留期間を10日より短縮した勾留状発付の可否

> 問題61
> 　勾留請求を受けた裁判官が，勾留の理由と必要性は認められるものの，事案の性質その他の事情から，勾留期間は7日程度で足りると判断した場合，勾留期間を7日とする勾留状を発付することはできるか。
> 　仮に上記のように勾留期間が短縮された勾留状が発付された場合，当該勾留状で被疑者を勾留できるのは何日か。

結　論

勾留期間を7日とする勾留状は発付することはできません。

仮にそのような勾留状が発付されても，被疑者を勾留できる期間は10日となります。

解　説

1　勾留期間の短縮の可否について

　勾留請求を受けた裁判官が，10日もの勾留期間を要しないと判断した場合に，これより短い期間を定めて勾留状を発付することができるかについては，以下のように積極に解する考え方があります。

　その理由としては，

　① 　勾留期間の短縮を積極的に禁止する明文の規定がないこと
　② 　裁判官は勾留の取消しをすることができるのであるから（刑訴法87条1項），勾留状発付時にこれを事前に行使する形で勾留期間を短縮することもできると解する余地があること
　③ 　勾留状発付の段階で明らかに勾留期間が10日も必要ないと認められる場合に一律に10日とするまでもないこと

― 166 ―

④　令状審査に関し裁判官の積極的な役割が期待されていること等が挙げられています。

　しかし，①勾留期間の延長については，刑訴法208条2項において裁判官の裁量を認めるような規定となっていますが，同条1項は勾留期間を一律10日と定めており，この期間は具体的な個々の勾留の裁判によって定められるものとしていないこと，②裁判官による勾留の取消しは，「勾留の理由又は必要がなくなったとき」になされるものであり，少なくとも勾留の理由及び必要性が認められて勾留状が発付される以上，勾留の取消しの事前行使という形で勾留期間の短縮を認めるには無理があること，③勾留期間の短縮を認める明文の規定がないこと，④捜査に関与しない裁判官が捜査に要する日数を事前に予測することは困難であり，場合によっては捜査妨害にもなり得ること，⑤事後的にではありますが，検察官の自発的釈放や裁判官の勾留取消しによっても対応はできることなどから消極に解するべきであると思われますし，実務の大勢もこの考えによっているものと思われます（大阪地決昭40．8．14（判タ181号150頁），大阪地決昭40．8．16（下刑7巻8号1762頁）のいずれの裁判例も勾留期間の短縮については消極の立場をとっています。)。

2　期間が短縮された勾留状の効力について

　実務で使用されている勾留状の書式には，勾留期間の延長欄に延長期間を記載する部分はありますが，最初の勾留期間を記載する欄はないので，仮に短縮した勾留期間を記載するとなると，勾留状の欄外に別途明記することとなるものと思われます。こうして短縮した勾留期間が記載された勾留状の効力がどうなるかについては，前記積極説によれば，当然にその短縮された期間の勾留状として効力

を持つことになります。これに対し，前記消極説によれば，勾留期間の短縮はできないので，そのような記載は効力がなく，勾留期間は10日として効力を持つと考えられることになります。

　しかしながら，前記消極説の立場に立ち勾留状を違法としながらも，勾留期間を短縮した記載が現に存在すること，その執行の際，被疑者にそれが示されるものであること，不当拘束の疑義を生じないようにする必要があることなどから，記載内容どおりの短縮された期間について効力を有すると考えるものもあります。

　前掲大阪地裁の各決定は，いずれも短縮した勾留期間の記載部分を取り消すとしていることから，これらの決定は消極説に立った上で，短縮期間のみが認められず，勾留期間は本来の10日となるということになります。ただ，これも準抗告審で是正された結果ですので，是正される以前は，短縮された期間が勾留状に明記してあり，執行の際に被疑者に示され，その結果，被疑者においてもその短縮された期間が勾留期間だと認識をしていることなどからすると，その効力はともかく，少なくとも運用として短縮期間内に釈放するなどの措置をとるべきではないかと思います。そうでなければ，勾留期間を短縮した勾留状が発付された後，直ちに検察官において準抗告申立てをして是正をしておくべきです。

　なお，勾留請求を受けた裁判官が，記録を精査し勾留質問を経た上で，事案の軽重，被疑者の身上等を考慮し，勾留期間は10日までは必要なく，仮に7日程度で足りるのではないかと判断した場合，実務では，勾留状に勾留期間を短縮する旨を記載するのではなく，検察官に電話で連絡するなどして「7日程度で迅速に処理してもらいたい」旨伝えた上，勾留請求書等に，早期処理相当等と刻したゴ

ム印を押印した付箋を簡単に外れないように勾留請求書の余白に糊付けするなどして，後日，検察官からその処理状況を報告してもらうといった取扱いを行っている例もあるようです。

　勾留状の勾留期間を短縮することができないとしても，事案によって相応に，裁判官において迅速な捜査・処理を促し，検察官においてもでき得る限りその実現に努力する運用が望まれるところです。

第3編　勾留

第8　勾留請求却下の裁判に付すべき理由の程度

> 問題62
> 　勾留の理由又は必要がないなどとして勾留請求を却下する場合，却下の理由を付す必要はあるか。必要があるとして，その示すべき理由は，どの程度のものでよいか。

■結　論

　理由を付す必要はありますが，その程度は「嫌疑について相当な理由が認められない」，「勾留の理由なし」，「勾留の必要なし」等の簡潔な記載で足ります。

■解　説

　刑訴規則140条によれば，「裁判官が令状の請求を却下するには，請求書にその旨を記載し，記名押印してこれを請求者に交付すれば足りる。」とありますので，勾留請求を却下した場合，特段に理由を記載する必要はないようにも読めます。しかし，勾留請求却下の場合，逮捕状請求却下等と異なり，準抗告が許されているのであり（刑訴法429条1項2号），準抗告審としては，原裁判の当否を判断する上でこれに付された理由が前提になるのですから，刑訴法44条1項により理由を付する必要があるものと解されます。

　その付すべき理由の程度は，勾留請求に対する裁判を迅速に行わなければならないことから，裁判書の作成に時間をかけることは避けるべきです。

　以下，それぞれの場合の理由の記載例を示します。

　① 罪を犯したと疑うに足りる相当な理由が認められない場合
　　「嫌疑なし」，「嫌疑の相当性が認められない」

②　刑訴法60条1項各号の事由が認められない場合

「刑訴法60条1項各号に該当しない」，「勾留の理由なし」

③　勾留の必要性がない場合

「勾留の必要性なし」，「住居不定であるが親族の身柄引きあり」

④　手続に違法がある場合

「逮捕状の被疑事実と同一でない」，「制限時間超過」，「緊急逮捕状の請求を直ちにしてない」

以上のような記載例が考えられます。なお，仮に勾留請求が却下されて被疑者が釈放された場合でも，その後も捜査は継続するのですから，特に，嫌疑の相当性が認められない，あるいは勾留の理由がないといったことに関する具体的な理由については，具体的な理由を付することが捜査の密行性の点から相当でない場合もあります。したがって，そのような観点からも却下理由は上記記載例の程度に留めておいた方がよいものと思われます。

第3編　勾留

第9　勾留通知

> 問題63
> 　刑訴法79条後段によれば，被疑者・被告人（以下「被疑者」という。）に，弁護人がないときは，親族等一定の者のうち，被疑者の指定する者1人に，いわゆる勾留通知をしなければならないと定められているが，被疑者がこれを希望せず，あるいは通知すべき者の指定を拒んでいる場合には，どのように取り扱うべきか。

■結　論

　被疑者の意思をよく確認した上で，その意思を尊重し，勾留通知をしない取扱いをすることができます。

■解　説

　刑訴法79条後段に「・・・通知しなければならない。」と定められているので，被疑者を勾留した場合は，通知の義務が生じますが，被疑者が通知を希望せず，あるいは通知すべき者の指定を拒んでいるような場合には，その意思を尊重して勾留通知をしない実務例もあるようです。

　しかし，その場合であっても，被疑者によっては，弁護人選任等の防御の重要性や親族等による面会や差入れなどの事実上の必要性に対する理解が浅く，単に勾留されたことが身内に知られるのが恥ずかしいなどといった理由により安易に「勾留通知を希望しない」などと答える者もいます。ですから，できるだけ被疑者に対し，勾留通知の趣旨が，被疑者に対して弁護人選任の機会を十分に与え防御の準備をさせるという被疑者の権利保護のためのものであり，だからこそ，勾留通知の相手方として法定されている者も，勾留されて自由に動けない

被疑者に代わって独立して弁護人を選任できる者（刑訴法30条2項）であることなどを説明して，その真意を再確認するべきです。

　また，被疑者の希望等により裁判所において勾留通知をしない場合でも，被疑者に対し，後日気持ちが変わって親族等への連絡を希望したくなったら，取調官や留置担当官等に申し出るように伝えるなどしておくことも考えられます。

　被疑者が勾留通知を希望しない場合の勾留質問調書への記載については，実務上「勾留通知は，必要ありません。」等と刻されたゴム印を押印する扱いが多いようです。

　なお，被疑者が少年であって，勾留に代わる観護措置（少年法43条）をとる場合，少年審判規則22条により保護者又は付添人への通知が義務づけられている趣旨からして，少年を勾留した場合には，少年が勾留通知を希望せず，通知の相手方を指定しないときでも，記録上判明する保護者等で適当であると認められる者に勾留通知をするべきです。ただ，保護者等によっては以前から少年に対する虐待があるなど通知をすることが逆に少年の福祉上不適当な場合もありますので，一件記録から通知が適当であるか判断し難いときは，勾留請求検察官を介して警察から少年の保護者の状況等について聴取するのが望ましいものと思われます。警察は，少年事件で被疑者を呼び出し，取調べをする場合には保護者等との連絡が義務づけられている上（犯罪捜査規範207条），必要があれば家裁や児童相談所等の関係機関との連絡をしなければならないこととされています（同206条）ので，保護者等については相当の情報を持っているものと思われます。

第3編　勾留

第10　少年の勾留
1　勾留請求に対して観護措置が相当と認められた場合

> 問題64
> 　少年の被疑者について，検察官から勾留請求があった場合に，観護措置が相当であると考えられたとき，どうすべきか。

■ 結　論

検察官の予備的観護措置請求の追加を認め，勾留請求を却下した上で，観護状を発付するというのが実務の運用です。

■ 解　説

少年の被疑者について，勾留の理由と必要性は認められるけれども，少年法48条の「やむを得ない場合」に当たらないとして，勾留に代わる観護措置が相当と認められたときの対処としては，次の3つの考え方があります。

　A説：直ちに勾留請求を却下する。
　B説：そのまま観護状を発付する。
　C説：検察官が予備的観護措置（同法43条1項）請求を追加することを認め，勾留請求を却下した上で，観護状を発付する。

以上のうち，A説によれば，直ちに釈放したとしても，再逮捕したとなれば，それだけ身柄の拘束時間が長くなることもあり，必ずしも少年にとって有利とはいえませんし，再逮捕について厳格な考え方に立てば，勾留の理由と必要性が認められるにもかかわらず，直ちに釈放した後，身柄を確保する手段がなくなり結論としても妥当ではありません。

B説は，検察官の勾留請求には，観護措置請求が含まれており，こ

れをいわば縮小的に認めて観護状を発付するという考え方ですが，検察官の勾留請求をそのように解するのは無理があります。

C説によれば，勾留請求とは別に観護措置を予備的に追加して請求するわけですから，手続が明確になり，結論も妥当なものとなります。したがって，C説によるのが妥当だと思われますし，実務の運用も概ねこの考え方によっています。これに関し，観護措置請求については予備的ではなく択一的でもよいのかという問題もありますが，少年法43条3項が，「検察官は，少年の被疑事件においては，やむを得ない場合でなければ，裁判官に対し，勾留を請求することはできない。」旨定めているその趣旨からして，勾留請求を主位的に，観護措置請求を予備的に位置付けるべきと考えられます。

なお，勾留請求が身柄送致を受けてから24時間の制限時間内にされた場合，勾留請求済みの効力により勾留の裁判がされるまで身柄の拘束は継続しますが，予備的観護措置請求は，身柄の拘束が継続する間，いつでもできるものではなく，当初の勾留請求の制限時間内でなければならないのはいうまでもありません。

2　少年を勾留する場合の「やむを得ない場合」

問題65
少年法43条3項，48条1項の「やむを得ない場合」とはどのようなものが考えられるか。

■ 解　説

少年を勾留するには，一般的な勾留の理由である刑訴法60条1項各号のいずれかに該当することと勾留の必要性のほかに，勾留が「やむ

を得ない場合」であることが要件として必要になります（少年法43条3項，48条1項）。

これは，いうまでもなく少年が可塑性に富み，教育可能性が高いことから，少年に対して保護優先の建前が採られており，少年の刑事事件について特別の措置を講ずることとされているところによるものです（少年法1条）。

少年の勾留については，
(1) 逮捕後，家裁送致前の勾留
(2) 検察官送致（逆送）後の勾留
(3) 公訴提起後の勾留

の各段階がありますので，それぞれの段階ごとの「やむを得ない場合」をみていくこととします。

(1) 逮捕後，家裁送致前の勾留

　この段階では，原則として，勾留に代わる観護措置によるべきなので，少年法43条3項，48条1項の「やむを得ない場合」というのは，刑訴法60条1項各号の要件があり勾留の必要性もある事件について，観護措置によらずに勾留することが「やむを得ない場合」を指すもの解されており，具体的には次のようなものが考えらえます。

　① 少年鑑別所の施設上の理由によるもの

　　少年法43条1項による観護措置請求の場合，実務上，同法17条1項1号の家裁調査官の観護に付する請求は，少年の身柄を保全する実効性に乏しいため，ほぼ利用されていません。そのほとんどが同項2号の少年鑑別所に送致する措置の請求となります。そこで，少年鑑別所の施設上の理由として，収容力に余力がない場合やあまりに遠隔地にあり捜査に支障を生じる場合

等が「やむを得ない場合」に当たると考えられます。
② 少年の個人的事由によるもの
　年齢が間もなく成人に達する年齢切迫の少年，非行歴や性向等からみて，成人と同様に扱っても少年の心身に悪影響を及ぼすおそれが少なく，逆に，少年鑑別所に収容すると，他の少年に悪影響を及ぼすおそれがあるような場合等が「やむを得ない場合」に当たります。
③ 事件の性質によるもの
　少年事件を，刑事処分相当の事件と保護処分相当の事件に分けて，前者については，家裁送致前に捜査を尽くさせるためにも少年を勾留して取り調べる必要があるので「やむを得ない場合」に当たるとする考え方もあります。なお，この考え方には，捜査の当初から刑事処分相当と見込みをつけるのは困難である場合もあり，仮に刑事処分相当としても必ずしも勾留によらなければならない「やむを得ない場合」とはいえないのではないかなどの批判もあるところですが，殺人，現住放火等の重大事案であれば，刑事処分相当の事件と見込まれることが多いでしょうから，一定の目安にはなるものと思われます。
④ 捜査の遂行上の理由によるもの
　共犯者や関係者が多数おり少年鑑別所では通謀のおそれなどがある事件，相当数の証拠物を示しながら取り調べを行わなければならない事件，観護措置は勾留のように10日の延長が認められていないので事案複雑により10日では十分な捜査ができない事件等の場合が「やむを得ない場合」に当たります。
(2) 検察官送致（逆送）後の勾留

少年法20条により検察官送致（逆送）となった後は，勾留に代わる観護措置は，勾留とみなされます（少年法45条4号前段）。この場合，勾留に代わる観護措置はとることはできないと考えられており，勾留の代替手段はありませんので，同法48条1項の少年を勾留するのが「やむを得ない場合」というのは，捜査の必要性の観点から，成人よりもやや厳格に判断するということになります。

(3) 公訴提起後の勾留

公判審理のための必要性から「やむを得ない場合」に当たるか否かを判断することになります。

第2章 被告人勾留
第1 違法な逮捕に引き続く逮捕中求令起訴への対応

> 問題66
> 　現行犯人逮捕された者が逮捕中求令起訴された事件について，被告人を勾留する理由及び必要性は認められたが，本来，通常逮捕又は緊急逮捕によるべきであり，現行犯人逮捕としては手続について適法性を欠くことが認められた。この場合，いかに対応すべきか。

結　論

1　被告人を即時に釈放した上，
　①　任意出頭を求め又は召喚し，これに応じて被告人が出頭した後に，勾留手続を行う。
　②　召喚に応じない場合，勾引して勾留手続を行う。
　③　「召喚に応じないおそれがあるとき」と認め，釈放後直ちに勾引して勾留手続を行う。
2　被告人を釈放しないまま，勾留手続を行う。

解　説

　いわゆる逮捕中求令起訴（刑訴法280条2項参照）の場合，起訴後勾留については，検察官が裁判所の職権発動を促しているに過ぎず，逮捕前置主義は及びません。しかし，その実質は，逮捕後に，検察官が勾留請求をしてきた場合と変わるものではありません。後者については逮捕前置主義が及ぶため，違法な逮捕が勾留に影響を与え，前者については影響を与えないと割り切ってよいのかは，考え方の分かれるところだと思われます。

本設問のように，明らかに違法な現行犯逮捕が行われている以上，その逮捕手続と勾留手続を切り離して，まず，被疑者を釈放し，さらに勾留の必要があるのであれば，召喚，勾引して，勾留手続を行うべきではないかと思います。このようにすることで，先行する現行犯逮捕が違法であったことが明らかになりますし，裁判所において違法な逮捕を看過して被疑者を勾留したのではないことも明確になります。
　これに対し，結論2にあるように，被告人を釈放しないまま，勾留手続を行うことも考えられますし違法とはいえませんが，結論1と比べると妥当性にやや問題があるように思われます。
　即時に被疑者を勾留しなければならないのであれば，結論1の③のように，被疑者が召喚に応じないおそれがあることについて判断した上，釈放後，直ちに勾引して勾留手続をとる対応が最も妥当なのではないでしょうか。

第2 勾留状の被疑事実と公訴事実が同一性を欠いていた場合の対応

> 問題67
> 勾留状の被疑事実と公訴事実が同一性を欠いたまま，求令状の手続がとられることなく被告人勾留が継続していることが判明した場合，いかなる対応をするべきか。

結論
裁判所又は裁判官において事実の同一性を欠くと判断した場合は，刑訴法87条により勾留を取り消すべきだと思われます。

解説
被疑者が勾留された事件について，その勾留満期までに，検察官が公訴を提起しない限り，被疑者勾留の期間満了によって，その勾留は当然に効力を失います。それにもかかわらず継続された勾留は違法となり，検察官がその責を負うことになります。勾留状記載の被疑事実と公訴事実とが同一性を欠く場合も，勾留状記載の被疑事実について公訴の提起がなかったことになるわけですから，起訴前の被疑者勾留は，その勾留満期でその勾留の効力が消滅していることになります。ですから，その勾留満期に被疑者を釈放すべきであったところ，釈放を怠り不当に勾留を継続した検察官に責任があり，裁判所（第1回公判前は裁判官）には勾留を取り消すべき義務はないものと解する考え方があります。

この考え方によったとしても，裁判所において，事実の同一性を欠くと認めながら，拘束する根拠がないのに不当拘束を続けるわけにはいきません。他方で，この考え方では，事実上の不当拘束が続いてい

るに過ぎないので，結局，裁判所において，検察官に被告人の釈放を促すに留まるということになります。

　しかし，このような考え方やこれに基づく対応は妥当ではないと思われます。本来，公判審理のために被告人の勾留を継続するか否かは裁判所が判断することです。

　勾留されている被疑者について公訴が提起された場合は，検察官が裁判官に速やかに逮捕状又は勾留状を差し出すこととなっており（刑訴規則167条1項），また，この勾留状を受け取った裁判官は，第1回公判期日が開かれたときは，勾留状を裁判所に送付しなければならない（同条3項）とそれぞれ規定されており，裁判所又は裁判官において勾留状の被疑事実と公訴事実の同一性を審査する機会はありますので，裁判所又は裁判官において同一性を欠くと認めた場合は，刑事訴訟法87条により，職権で速やかに勾留を取り消すべきものと思われます。

　なお，同条によると，勾留の取消の理由として「勾留の理由又は必要がなくなったときは」とあるので，勾留の当初は存在した勾留の理由又は必要性が後に消滅した場合をいうようにも読めますが，その場合だけでなく，当初から勾留の理由や必要性がなかったことが後に判明した場合も含むと一般的に解されています。

　こうして不当勾留の状態を解消した後，なお，被告人を勾留する理由と必要性が認められるのであれば，所要の手続をとりあらためて被告人を勾留すべきことになります。

第３　勾留更新決定をすべき時期

> 問題68
> 勾留更新決定は，勾留期間満了の何日前にするのが妥当か。

■ 結　論

　特段の事情のない限り，勾留期間満了日の10日以上前に行うことは相当ではありません。

■ 解　説

　勾留更新決定は前勾留期間の満了前になされなければならないことはいうまでもありませんが，その時期については特に刑訴法上の規定がないので，いつまでにすべきかが問題となります。

　勾留更新決定は，その原本を被告人に提示して執行する必要がありますので，少なくとも決定書の提示ができるだけの時間的な余裕がなければなりません。

　しかし，そうはいっても漫然と早期に決定をなすことが許されているわけではありません。勾留理由や更新事由は，その存否に変動があるのであり，だからこそ，一定の期間をもって勾留期間の更新について裁判所の審査に服せしめているのが，刑訴法60条２項の法の趣旨であり，余りに早期の決定はその法の趣旨に沿わない結果となりかねないからです。

　１か月の勾留更新の決定をするのに残存期間が20日もある場合は，その決定は違法であり，少なくとも半ばを過ぎてから，その理由を判断すべきとする考えもありますが，これでもやや長いと考えた方がよいと思われます。

　勾留期間満了の３日前から12日前に決定がなされたとしても憲法31

条の規定に抵触することはないとする判例（最大判昭和24年2月9日・刑集3巻2号151頁）もありますが，この事案で12日前にされた勾留更新決定は，上訴記録の送付手続を控えてのものであることがうかがわれます。そして，10日以上前に勾留更新決定をすることは，遠隔地に記録を送付し，又は遠隔地で更新決定の執行をする必要があるなど，やむを得ない事情のない限り許されないとすべきであろうとの見解もみられるところです。したがって，特段の事情がない限り，勾留更新決定を勾留期間満了の10日以上前に行うことは相当でないと思われます。

　なお，控訴に伴う上訴記録送付手続のため，勾留期間満了日のある程度前に勾留更新決定を行わなければならない場合もありますが，その場合においても，できる限り期間満了日に近接した日に決定すべきです。

第4　保釈許可決定と勾留更新の要否

> 問題69
> 　甲簡易裁判所に係属していた窃盗被告事件について，保釈許可決定を出したところ，同決定に対し検察官から抗告が出された。同抗告の裁判前に勾留期間が満了する見込みである場合，原裁判所が勾留更新決定をするのは，保釈許可の判断と矛盾しないか。

結　論
矛盾しないので，勾留更新決定をしなければなりません。

解　説
　保釈とは，一定の保証（保釈保証金等）の納付を条件に，勾留の執行を停止し，被告人の拘禁を解く裁判及びその執行をいいます。そうすると，保釈許可決定をしておきながら，勾留更新決定をするのは一見すると判断が矛盾しているようにも思われます。

　しかしながら，そもそも保釈許可決定をするということは，その判断において，勾留自体の理由と必要性を認めていることが前提となっています。仮に，勾留期間内に，事情が変わり，被告人の勾留自体の理由が失われたということになれば，その場合は，もはや勾留自体が認められないことになりますので，勾留更新をすべきではないことはもとより，直ちに勾留を取り消さなければなりません。

　このように，勾留の理由と必要性が認められるからこそ，保釈の許否を判断できるのであり，保釈許可決定の判断と勾留更新決定の判断は矛盾するものではありません。したがって，保釈許可決定がなされた後，抗告の裁判前に勾留期間が満了する見込みである場合は，原裁判所において勾留更新決定をしなければなりません。

なお，勾留期間の満了は抗告裁判所においても把握していると思われますが，別途，勾留の取消しによって，保釈許可決定に係る勾留が失効した場合には，同決定に対する抗告は，棄却されます。勾留の取消しの事実は，抗告裁判所において直ちに知ることはできませんので，原裁判所から抗告裁判所にその旨通知した方がよいでしょう。

第5　勾留中在庁略式不相当の場合の身柄処理

> 問題70
> いわゆる勾留中在庁略式請求で略式不相当と判断された場合の被告人の勾留はどうすべきか。

■ 結　論

勾留の理由又は必要がなければ，職権で勾留を取り消します。

■ 理　由

在庁略式とは，検察官が被疑者を検察庁に呼び出すなどして検察庁の庁舎内に留まらせ（在庁させ），被疑者について裁判所に公訴を提起して略式命令を請求し，裁判所において略式命令が発付された後，速やかに被疑者を同行するなどして裁判所に連れて行き，裁判所で当該略式命令の謄本を被疑者に交付送達する略式事件の処理方法です。被疑者が身柄拘束を受けていない在宅の被疑者を検察官が呼び出す場合を呼出在庁略式と，逮捕された後の留置中や勾留中で身柄拘束されている被疑者の場合を，それぞれ逮捕中在庁略式又は勾留中在庁略式といいます。

このうち，勾留中在庁略式の場合，勾留状の効力に関して以下の問題があります。略式命令が即日発付されて被告人がその告知を受ければ，勾留状はその効力を失う（刑訴法345条）ので，そのまま被疑者は釈放となり特に問題はありません。しかし，仮に，裁判所が略式命令の請求を不相当と判断した（刑訴法463条1項）場合，勾留状の効力は失われません。略式命令の請求は公訴の提起と同時に行われる（刑訴法462条1項）ので，勾留中の被疑者が勾留の事実と同一の事実で公訴の提起を受ければ，被疑者勾留は被告人勾留へと切り替わり（刑訴

207条1項,60条2項),勾留は継続されることとなるからです。

　他方で,こうしたケースでは,略式命令の請求ですから,被告人はほぼ全面的に事実について自白しており,また,公訴の提起をしているのですからその他の証拠収集も概ね終了しており,罪証隠滅のおそれはまず考えられません。したがって,住居不定又は逃亡のおそれがある場合以外は勾留の理由又は必要性は認め難いということになります。

　また,通常,検察官が勾留中在庁略式による処理を選択するような事案では,略式命令を発付された日に即日罰金を仮納付できるような被告人が少なくなく,そのような被告人は,住居や一定の資力もあり,逃亡のおそれも比較的低いものですから,勾留の理由及び必要性は認め難い場合が多いということになります。

　ですから,本設問のように,勾留中在庁略式請求で略式不相当とせざるを得ない場合で,勾留の必要性がなくなったと認められる場合は,刑訴法87条1項により職権で勾留を取り消すべきであると思われます。

第6 逮捕中求令状起訴についての職権不発動の措置と釈放命令

> 問題71
> 逮捕中求令状起訴があり，求令状については職権発動せずとした場合，被告人に対する釈放命令は，どのようにすべきか。

■ 結 論

「釈放命令」と題する裁判書によるべきです。

■ 理 由

一般的に，いわゆる求令状起訴の場合における求令状とは，裁判所に対し被告人を勾留するための勾留状の発付について職権発動を促すに過ぎません。したがって，被疑者を勾留する場合の勾留請求とは異なり，検察官に請求権があるわけでもなく，求令状に対する判断が裁判所の義務となっているものでもないのですから，勾留状を発付しない場合でも，「職権発動せず」として，これを口頭又は電話等の適宜の方法で伝えてもよいと考えられています。

しかしながら，刑訴法280条2項の逮捕中求令状起訴の場合における求令状は，これと同様に考えることはできません。

いわゆる在宅求令状起訴の場合には，裁判官が勾留状を発付しないと判断すれば，職権を発動しないというだけであり，他に何らかの裁判をするわけではありません。しかし，逮捕中求令状起訴の場合，逮捕による留置の制限時間内に起訴されている限り，その制限時間を超えることになっても，被告人の身柄拘束が継続されます。そこで，裁判官が職権発動せずと判断し，勾留状を発付しなくても，それだけで直ちに被告人が釈放されるのではなく，被告人の身柄拘束を解けとの

第3編　勾留

釈放命令が必要となると考えられています。

　仮に，勾留状を発付せずに釈放命令を出す判断となった場合，釈放命令は，被告人の身柄拘束を解けという裁判としての命令であることは明白であり，そうであるならば，裁判は原則として裁判書を作らなければならない（刑訴規則53条）のであるし，その裁判の内容としても，被告人の身柄の釈放という重大な処分であり手続的に明確な形で行う必要がありますから，裁判書によるべきであると思われます。

　釈放命令の裁判書としては，実務では次のようなものが使われています。

釈　放　命　令

被　告　人　〇　〇　〇　〇

　被告人は，〇〇〇〇被告事件について逮捕されて留置中のものであり，同事件について，平成〇〇年〇〇月〇〇日検察官から公訴を提起されたが，同被告事件については，（理由：刑訴法60条各号に該当せずなど）勾留状を発しないから，刑訴法280条2項により被告人の釈放を命ずる。

　　　　　平成〇〇年〇〇月〇〇日
　　　　　　　　　　〇〇〇〇裁判所
　　　　　　　　　　裁判官　〇　〇　〇　〇

　この釈放命令に対し準抗告ができるかについては，釈放命令は，刑訴法429条1項2号の勾留に関する処分に当たらないとして消極に考

える説もあります。しかし，実質的にみれば，釈放命令は，検察官からの勾留の求めを退けるものであり，勾留請求却下と変わらないものとして準抗告はできると考えられています。

　そして，準抗告ができるのであれば，釈放命令の裁判には理由を付さなければなりませんが（刑訴法44条），その理由の記載の程度は，勾留に関する処分として迅速な処理が求められることから，勾留請求却下と同程度のもので足ります。具体的には，記載例のように「刑訴法60条各号に該当せず」等と本文の中に組み込むほか，主文と理由を分けて「勾留の必要がないため」等とすることが考えられます。

第3編　勾留

第7　第1回公判の冒頭手続終了後に被告人を勾留する場合の勾留質問の要否

> 問題72
> 　第1回公判の冒頭手続終了後に，被告人に対し勾留状を発付する場合には，勾留質問をする必要はあるか。

■結　論

勾留の必要性を判断するために勾留質問をした方がよい場合があります。

■理　由

勾留をする裁判所が，既に被告事件の審理の際，被告事件に関する陳述を聴いている場合には，改めて刑訴法61条の勾留質問をしなければならないものではありません（最決昭41.10.19刑集20.8.864）。この決定によれば，冒頭手続において被告人の罪状認否がなされていれば勾留質問の必要はないということになりますが，勾留質問は，単に事件についての弁解を聴くというだけではなく，勾留の必要性の判断のために，被告人からその生活状況等について事情を聴く必要がある場合もあります。公判の審理において，勾留の必要性等についても既に明らかになっているのであれば，その点からの勾留質問の必要性もないことになりますが，審理自体がまだ初期の段階にあり，被告人の身上関係等の勾留の必要性の判断に影響を及ぼす事情が裁判所に分かっていない時点で，被告人を勾留するかどうかを判断する場合には，そのような事情について被告人の陳述を聴くために，勾留質問をした方がよい場合があるということになります。

第8 移送同意の趣旨と判断基準

> 問題73
> 被疑者・被告人の移送に，裁判長（官）の同意が必要とされる趣旨及び移送の一般的な類型とそれに対する同意の判断基準はいかに考えるべきか。

解 説

1 移送同意が必要とされる趣旨

旧監獄法時代に「移監」といわれていた被疑者・被告人の勾留場所を変更する手続は，平成18年に「刑事収容施設及び被収容者等の処遇に関する法律（以下「施設法」という。）」が施行されてからは「移送」といわれるようになりました。そして，この移送についての裁判長（官）の同意を，いわゆる「移送同意」といいます。

移送同意の根拠規定は，刑訴規則80条であり，同条においては「検察官は，裁判長の同意を得て，勾留されている被告人を他の刑事施設に移すことができる。」と定められています。

なお，この規定は，被疑者勾留にも適用されますので，その場合，ここでいう裁判長は裁判官と，被告人は被疑者と読み替えることになります（以下，裁判長（官）については，単に「裁判官」と，被疑者・被告人については「被疑者等」ともいいます。）。

被疑者等の移送に裁判官の同意を要することとしたその趣旨は，
① 被疑者等を勾留すべき刑事施設は，勾留の裁判の内容であるとともに勾留状の記載事項ですから，これを検察官の一存で変更することは適当でないと考えられていること
② 被疑者等の移送は受訴裁判所の円滑な訴訟進行に影響を及ぼ

第3編　勾留

し得ること
③　弁護人との接見交通や家族との面会・差し入れなどの被疑者等の防御や処遇にも影響を及ぼし得ること

にあると考えられています。

2　移送の一般的な類型とこれに対する同意の判断基準
　(1)　移送の一般的な類型
　　　①　留置施設　→　刑事施設（拘置所）
　　　②　刑事施設（拘置所）→　留置施設
　　　③　留置施設　→　留置施設
　(2)　それぞれの類型に対する同意の判断基準

　　①は，地簡裁で移送同意を求められることが多い類型です。これは，事件捜査を終了し起訴されたため，事件が係属する裁判所に対し，警察の留置施設から最寄の刑事施設（拘置所）に被告人を移送することの同意を求めるものですが，この場合，移送によって被告人に防御面，処遇面で不利になることは通常考えられませんので，特段の事情がない限り，求同意書のみで同意してよいと考えられ，実務もおおむね同様の運用によっています。

　　②ある事件について捜査が終了し起訴されて，刑事施設（拘置所）に移送されたけれども，その捜査終了までに判明しなかった新たな余罪が発覚したため，その余罪捜査のために被疑者等を留置施設に移送する必要がある場合の移送類型です。

　　このような類型で，移送同意をするには，被疑者等に対し，余罪ついて逮捕状が発付されているか又は少なくとも逮捕状が発付できる程度の疎明が必要です。この場合，発付済みの逮捕状の写しや逮捕状が発付されていない場合は，請求や執行の時期につい

て明記した捜査報告書等を疎明資料として提出すると，移送同意の判断をする裁判官としても分かり易いものとなります。

　もっとも，移送先の留置施設で，被疑者等に対する取調べや処遇について違法行為があったのではないかと疑われるような場合には再移送には同意できないこととなります。

　また，被疑者等が余罪捜査のための移送に同意している場合も移送同意はできるとされていますが，その場合には被疑者等の真意を慎重に検討する必要がありますし，少なくとも被疑者等の上申書等の疎明が必要になります。

　③ある共犯事件について，共犯者を，被疑者等が勾留されている留置施設に留置する必要がある場合に，共犯者との通謀を防止するために，被疑者等を別の留置施設に移送する必要がある場合，あるいは，被疑者等について，甲事実で留置施設に勾留されている被疑者等を乙事実で別の留置施設に移送する場合等です。

　前者の場合は，既に被疑者等が勾留されている留置施設に共犯者を留置しなければならない必要性とこれによる通謀のおそれについての疎明が必要となります。また，後者の場合は，事件単位の原則からして，甲事実の勾留期間を利用して乙事実の余罪を捜査することは原則としてできないと解するべきですが，乙事件について改めて逮捕するのであれば，逮捕状の写し等を疎明資料として移送同意を求めることができることは前述した②の類型と同様ですし，また，乙事実が甲事実の重要な間接証拠となり，その捜査を遂げなければ，甲事実について，起訴・不起訴あるいは公判請求か略式請求かを決し得ない場合には，乙事実の捜査が処分決定に必要な余罪捜査として延長理由になるように，甲事実の勾

留期間を利用した乙事実の捜査も認められることとなります。したがって、そのような場合は、乙事実の余罪捜査としての必要性を疎明して、捜査のための移送の同意を求めることができる場合があると考えられます。

　その場合、乙事実の嫌疑の相当性等について被疑者等の具体的供述等から判断することとなります。

　なお、被疑者等が乙事実の捜査のための移送に同意している場合の移送同意の可否については、②の場合と同様です。

第3章　勾留理由開示
第1　勾留理由開示請求ができる利害関係人

> 問題74
> 　労働運動に関連した公安事件で逮捕・勾留された被疑者の所属するバス運転手共済組合の理事長は，勾留理由開示請求ができる利害関係人に当たるか。

■ 結　論

利害関係人に当たりません。

■ 理　由

刑訴法82条2項の「利害関係人」の意義については，以下のとおり，
　A説：何らの利害関係を有しない者以外を全て含むとする
　B説：被疑者と身分関係又はこれに準ずるような関係を持つ者に限るとする説
　C説：被疑者と直接かつ具体的な利害関係を持つ者に限るとする
3説があります。

　勾留理由開示の制度を，歴史的にヘビアス・コーパス（英米法における不当に拘束されている者の身柄の自由を確保するための人身保護令状）に由来するものであることを強調すれば，A説のように，利害関係人の範囲を穏やかに解する方向に傾き易いことになります。しかし，利害関係人の請求権は，弁護人と同じ独立代理権であり，したがって，被疑者の意思いかんにかかわらず，場合によってはその明示の意思に反しても行使し得る性質のものでもあることなどからすると，利害関係人をあまり広く解するのは適当ではないものと思われます。他方でB説のように身分関係又はこれに準ずる関係に限るのもいささか

— 197 —

狭きに失するものと考えられます。
　したがって，ここでいう利害関係人とは，Ｃ説の説くように，被疑者の勾留について直接かつ具体的な利害関係を持つ者，なかでも被疑者の勾留によって事実上又は法律上自己の権利が侵害されるといえる程度の著しい影響を受ける者と解するのが妥当ではないかと思われます。
　これを本設問に当てはめてみると，単に被疑者のバス運転手共済組合の理事長ということだけでは，利害関係人とはいえないということになるものと思われます。

第2　検察官が勾留期間内に被疑者を釈放した場合

> 問題75
> 　検察官が独自の権限で，勾留期間内に被疑者を釈放した場合，刑訴法82条3項の「勾留状の効力が消滅したとき」に当たるか。また，勾留理由開示請求に対して何らかの判断をしなければならないのか。

■ 結　論

勾留の効力が消滅したときに当たります。

したがって，この場合，勾留理由開示の請求は当然にその効力を失い，これに対して特別の裁判をする必要はありません。

■ 理　由

まずは，勾留を命じている裁判がなされているところ，裁判官が当該勾留を取り消すことなく，検察官の独自の権限で被疑者を釈放できるかとの理論上の問題はありますが，被疑者勾留の段階では可能と解するのが通説であり，実務上もそのように取り扱われています。

こうして検察官の独自の権限で被疑者を釈放した場合，これが刑訴法82条3項の「勾留状の効力が消滅したとき」に当たるかが問題となりますが，検察官が自らの判断で被疑者を釈放したときは，もはやその勾留状は執行済みで釈放以降は当該勾留状で再び被疑者を勾留することはできなくなるのですから，当該勾留状の効力は消滅したと解してよいものと考えられます。

勾留理由開示の請求がされた後に，検察官の独自の権限で被疑者が釈放された場合には，刑訴法82条3項の「勾留状の効力が消滅したとき」に当たり，実質的にも請求の利益もなくなったものといえるので

第3編　勾留

あり，請求は当然にその効力を失い，これに対して特別の裁判はする必要はないものと思われます。

第3　勾留理由開示における裁判官忌避申立て

問題76
　勾留理由開示手続において，裁判官に対し，不公平な裁判をするおそれがあることを理由として忌避の申立てをすることはできるか。

▎結　論
忌避の申立ては不適法として却下されることになります。

▎理　由
　勾留理由開示は，勾留されている被疑者等又はその他の特定の関係人等に対し，勾留の理由を告知する手続であり，裁判官が公権的に判断をする意思表示的訴訟行為としての裁判ではないので，そもそも不公平な裁判をするおそれがないということになります。

　この点，勾留理由開示は，勾留やそれ以前の勾留継続の適法性及び相当性を宣明する行為であるとともに，意見陳述者に対し意見陳述の対象と範囲を明示する行為であり，単なる告知行為ではないから，不公平な裁判をするおそれを理由とする忌避も許容されるとの積極説もあります。

　しかし，勾留理由開示の手続の核心が勾留の理由の開示であることは確かであり，これについて裁判に準ずる判断があるとは考え難いところです。また，意見陳述の対象と範囲を明示する行為というのも裁判やこれに準ずる判断とみるのは無理があります。下級審裁判例において「勾留理由開示手続においては不公平な裁判をする虞があることを理由として裁判官を忌避することは不適法にして許されるべきものではない。」と判示し，不公平な裁判をするおそれがあるとの理由で裁

判官を忌避できないとした原審の判断を維持しているものがあります(福岡高決昭34．9．3判時202.43)。

　なお，除斥原因がある場合の忌避申立てについても，直接に勾留理由開示手続に関して判断したものではありませんが，判決宣告や公判期日延期のような公平な裁判所の理想を害するおそれがないと認められる形式的な訴訟行為は，除斥されるべき「職務の執行」に当たらない旨判示する最高裁判例があります（最二小判昭27．1．29判タ18.35等）ので，これらの判例の趣旨からして，忌避の申立ては認められていないことになるものと思われます。

第4 弁護人が正当な理由なく出頭しない場合

> 問題77
> 弁護人が正当な理由なく出頭しない場合，その出頭を待たずに勾留理由開示事件について開廷することはできるか。

■ 結　論

被疑者・被告人（以下「被疑者等」という。）に異議があれば開廷できないと考えるべきです。

■ 理　由

弁護人の不出頭に正当な理由がある場合に，被疑者等に異議があれば勾留理由開示の法廷が開廷できないことは，刑訴法83条3項ただし書の規定から明らかです。

これに対し，弁護人が正当な理由なく出頭しない場合，その出頭を待たずに開廷できるかについては，必ずしも同条項からは明らかとはいえません。これについては，勾留理由開示事件は，事件の審理を行うものでなく，必要的弁護事件でもないので，被疑者等の異議の有無とは関係なく弁護人の出頭を待たずに開廷できるとする考え方があります。しかし，そもそも勾留理由開示の制度は，勾留の理由を公開の法廷で明らかにして不当な拘禁に対する救済を図るものであり，勾留されている被疑者等の事件の保護を目的とするものですから，弁護人不出頭の場合，勾留の理由を開示するか否かを被疑者等の意思にかからせていると解するのが法の趣旨にかなっているものと思われます。

したがって，本設問の場合，弁護人が正当な理由なく出頭しない場合でも，これについて被疑者等に異議がある場合は，勾留理由開示の法廷を開廷できないと考えるべきです。

ただし，弁護人の不出頭について，例えば，被疑者等が弁護人を脅迫して出頭させないなど，被疑者等に帰責事由があるような例外的な場合は，開廷できるものと考えられます。

第5　開示時点における勾留理由の開示の要否

> 問題78
> 　被疑者が通常逮捕され，刑訴法60条1項2号，3号の事由で勾留状が発付され勾留されていたところ，勾留状記載の被疑事実とは異なるものの，求令までは要しない公訴事実で起訴され，その後の勾留更新決定で2号の事由が消滅し，3号のみとなっていた。
> 　この段階で勾留理由開示が行われる場合，勾留の理由となっている犯罪事実については，勾留状記載の被疑事実のほかに公訴事実も告げなければならないか。
> 　また，勾留理由が2号，3号ではなく，3号のみとなったことについても告げる必要があるか。

結　論

　勾留状記載の被疑事実及び勾留状発付時の勾留理由である2号，3号を告げれば足り，公訴事実及び勾留理由が3号のみとなったことについて告げる必要はありません。

　ただし，いずれも告げることが不相当というわけではないので，事案に応じて告げる運用をすることが相当な場合もあります。

理　由

　勾留理由開示における開示すべき勾留の理由とは，「罪を犯したことを疑うに足る相当な理由」（以下「相当な理由」という。）と刑訴法60条1項各号にあたる事由（以下「各号の事由」という。）のことですが，同一の勾留であっても，相当な理由についての「罪」，つまり勾留の基礎となる被疑事実，それに各号の事由は，本設問のように変わることがあります。この場合，勾留理由開示において，いつの時点の勾

留の理由を告げればよいかが問題となります。これについては，勾留状発付時の理由を告げれば足りるという考え方と，勾留状発付当時の理由に加えて理由開示時の理由も告げなければならないという考え方があります。後者の考え方をとる有力説もありますが，実務の多くは前者の考え方に基づいています。

勾留理由開示時の理由も告げなければならないとする有力説は，勾留理由開示に関する規定が，勾留取消請求の規定の前に置かれており，理由開示の請求権者と取消請求の請求権者が重なっていること，勾留の理由は本設問のように変動することがあるので，勾留取消請求権等を実質的に保障するためにも必要であることなどから，勾留理由開示時の勾留の理由も開示しなければならないとします。

しかしながら，勾留理由開示と勾留取消の請求権者は重なっている部分があるとはいえ完全に一致しているわけではないし，規定の位置が相前後しているというのも有力説の論拠としては希薄です。そもそも勾留理由開示の制度は，勾留の取消しよりも，不当勾留からの救済手段として，勾留に対する抗告（準抗告）を予想しているものと考えられるところ，抗告審の基本的な法的性質は事後審であり，つまり原審の勾留状発付の裁判の当否が審理の対象となるのですから，実務的にはともかく，理論的には，勾留状発付以降の事情は考慮できない建前となっています。そうすると，勾留理由開示において開示すべき勾留の理由は勾留状発付時の理由を示せば足りるということになります。

また，判例において，勾留理由開示の請求は，同一の勾留については1回に限り許されるとされているところ（最一決昭28.10.15等），仮に勾留理由開示時の勾留理由も開示しなければならないとすると，本

設問に限らず，勾留の理由は変動するのですから，変動前に勾留理由開示の請求があっても，変動後にさらに勾留の理由を開示しなければならないこととなり，判例の趣旨にも沿わないものとなります。

　以上から，勾留理由開示の勾留の理由は，勾留状発付時のものを示せば足りるということとなります。

　ただし，勾留状発付時の理由だけでなく，勾留理由開示時の勾留の理由を併せて示すことを法が禁止しているわけでもなく明らかに不相当であるということでもありません。上記有力説が述べる点も十分考慮すべきと思われますので，事案に応じて，勾留理由開示時の理由を併せて示すという運用をすることが相当な場合もあるものと思われます。

第6　求釈明の対応と証拠の内容の開示の程度

> 問題79
> 深夜，飲食店で飲酒していた被疑者Aが，同店店員の被害者Bから飲食代金の請求を受けるや，Bに対し「生意気だ。」などと怒号し，Bの顔面等を多数回殴打して代金を払うことなく，同店を立ち去ったいわゆる2項強盗の強盗致傷事件について，被疑者として勾留された。その取調べにおいてAは，飲酒酩酊により事実を覚えていない旨供述していたところ，勾留理由開示の請求がなされ，弁護人がどのような証拠によって勾留の原因となる犯罪の嫌疑を認定したのか釈明を求める旨申し立てをした場合，どのように対応すべきか。

■考えられる対応

　本設問のような釈明に応ずるか否かは裁判官の裁量によるところになりますが，仮に応ずる場合の示す証拠の程度は，関係者の供述，医師の診断書等のように概括的に告げるということが考えられます。

■解　説

　まず，最初に釈明の問題です。刑訴規則208条3項によれば「訴訟関係人は，裁判長に対し，釈明のための発問を求めることができる。」とありますが，この規定の趣旨は，裁判所が持っている当事者に対する求釈明権の行使を求めることができるということであり，訴訟関係人が裁判所に対して直接釈明ができるというものではありませんし，ほかにこれを直接認めた規定はありません。裁判所が告知した内容に不明確な点があれば，その点について訴訟関係人が裁判所に対して，釈明を求めることができるとする考え方もありますが，やはり法令上の

根拠に乏しいということになります。したがって、裁判所には、本設問のような釈明に応ずる法的義務はなく、これに応ずるか否かは専ら裁判所の裁量によることになるものと思われます。

仮に、裁判所の裁量により、釈明に応じるのが相当であると判断した場合、次に問題となるのが、告げるべき内容とその程度です。

これについては、大きく分けて次の4つの考え方があります。

A説：犯罪の嫌疑と刑訴法60条1項各号のいずれに当たるかの結論のみを告げれば足りる

B説：犯罪の嫌疑と刑訴法60条1項各号の事由について具体的な事実を告げれば足りる

C説：B説に加え、それら具体的事実を認定した個々の証拠について具体的に示す必要がある

D説：C説の考え方に立ちながらも、個々の証拠について具体的に示すのではなく、ある程度具体的に示せば足りる

実務的には、A説又はB説に立った上で、「一件記録によれば、被疑者に相当の嫌疑が認められる。」などと告げるものもあるようです。これが最も概括的な告げ方になります。

これに対し、C説又はD説によれば、もう少し具体的に証拠の内容を告げることになりますが、個々の証拠の作成者、供述者、供述内容等を詳細に告げるのは、訴訟書類について開廷前に公にしてはならないとする刑訴法47条の趣旨に反しますし、捜査の密行性を害し、罪証隠滅に便宜を与えるおそれもあり相当ではありません。

他方、勾留理由開示制度の目的は、勾留の理由を開示して、勾留の裁判の正当性を公にするところにあると考えられますので、そのためには、C説ほどではないにしても、D説のようにある程度具体的に証

第3編　勾留

拠の内容を告げる，例えば，本設問でいえば，犯行状況は目撃者の供述証拠，被害額はレシート，傷害の点は医師の診断書にそれぞれよるなどと概括的に告げるということも考えられるところです。

第7　勾留理由開示の手続の流れ

> 問題80
> 　勾留理由開示の手続の流れは，実際にはどのようになるのか。

解　説

　勾留理由開示は，まず，裁判官による勾留理由開示の開廷の宣言に始まります。その後の人定質問では，裁判官が，被疑者・被告人（以下「被疑者等」という。）を証言台の前に立つように促し，そこで，裁判官が，被疑者等の氏名，生年月日，住所，職業を確認します。

　その後，勾留理由の開示に入ります。勾留理由の開示では，まず，裁判官が，勾留の基礎となっている本件被疑事実の要旨を読みあげます。これに引き続き，勾留の理由である刑訴法60条1項各号のいずれに該当するかなどを開示するとともに，勾留の必要性についても開示します。

　続いて，弁護人，被疑者等から事前に提出されている求釈明書に基づき，釈明事項に対する裁判官による釈明が行われます。求釈明書については，裁判官が求釈明者に対して釈明事項を朗読するかを尋ねることがあります。求釈明者において，朗読はしなくてよいとの意見があれば，そのまま裁判官において釈明事項を一つずつ釈明していきます。

　その後，弁護人，被疑者等が意見陳述をします。検察官も意見陳述することはできますが，検察官の法廷立会は勾留理由開示の開廷要件ではなく，実務的にも検察官が出廷することは多くありませんし，仮に検察官が出席して，裁判官から意見を求めても，特に意見はないとして意見陳述をしないことが多いようです。なお，弁護人，被疑者等

第3編　勾留

とともに意見陳述の時間は，各10分以内とされています（刑訴規則85条の3第1項）。口頭による意見陳述に代えて又はこれを補うため，書面を差し出すこともできます（同2項）。

　こうして，弁護人，被疑者等の意見陳述が終わると，裁判官が勾留理由開示の手続を終了したことを宣言し，開示手続は終了します。

　以下に，実際の勾留理由開示の法廷でのやりとりの例を示します。

1　開廷宣言

　　　裁判官：これより勾留理由開示の法廷を開廷します。被疑者は証言台の前に立ってください。

2　人定質問

　　　裁判官：まず，あなたの名前等を確認しますが，名前は何といいますか。

　　　被疑者等：○○○○といいます。

　　　裁判官：生年月日はいつですか。

　　　被疑者等：19○○年○月○日です。

　　　裁判官：昭和で答えてください。

　　　被疑者等：昭和○○年○月○日です。

　　　裁判官：今，住んでいるところはどこですか。

　　　被疑者等：千葉市中央区○○町○丁目○番○号です。

　　　裁判官：今，仕事は何をしてますか。

　　　被疑者等：会社員です。

3　理由開示

　　　裁判官：それでは，これから勾留理由開示の手続をします。被疑者は元の席に戻ってください。

　　　　　　　本件被疑事実の要旨は，「被疑者は，甲と共謀の上，

平成○○年○○月○○日，千葉市美浜区○○所在の○○において，・・・したものである。」というものです。この事実については，本件勾留請求に際し提出された一件記録によって，被疑者が罪を犯したことを疑うに足りる相当の理由があるものと認められました。本件事案の性質，被疑者と共犯者の関係，被疑者らの供述状況等に照らすと，被疑者が共犯者と通謀するなどして，本件被疑事実及び本件についての事実又は重要な情状事実について罪証を隠滅すると疑うに足りる相当な理由があると認められました。また，被疑者の身上，生活状況等からして，被疑者が逃亡すると疑うに足りる相当な理由も認められました。したがって，刑訴法60条1項2号，3号に該当する事由があると認められ，これらの事情を総合考慮すれば，勾留の必要性もあると認められました。

以上が勾留の理由です。

4　求釈明と釈明

裁　判　官：次に釈明ですが，弁護人は，○月○日付け求釈明書のとおり釈明を求められるのですね。求釈明書については朗読しますか。

弁　護　人：はい，それでは朗読します。

・・・。

裁　判　官：弁護人の求釈明事項について釈明します。まず第1に・・・。

第3編　勾留

5　意見陳述
裁　判　官：次に意見陳述に入ります。弁護人，被疑者は，それぞれ10分以内で意見を述べることができます。弁護人，被疑者の順でよろしいですか。それでは弁護人どうぞ。

弁　護　人：本件勾留について弁護人の意見を述べます。本件勾留については・・・であると考えます。したがって，即時に本件勾留を取り消されたい。

裁　判　官：ただ今の弁護人の意見陳述で，本件勾留の取消しを求める趣旨の陳述がなされたようですが，本件は勾留理由開示の手続ですので，勾留の取消しについては別途の手続で請求してください。
　　　　　次に被疑者の意見陳述に入ります。被疑者は証言台の前にきて意見を述べてください。

被疑者等：特に意見はありませんが，１日も早く自宅に戻りたいです。

6　閉廷宣言
裁　判　官：以上でよろしいですか。それでは，これで勾留理由開示の法廷を閉廷します。

以　上

事 例 索 引

第1編　逮捕・勾留一般
問題1　次の事例の各時点で逮捕状の請求ができるか………………………5
問題2　次の事例において逮捕状の更新請求ができるか………………… 10
問題3　被疑者のアルバイトという職業の認定と表記について………… 13
問題4　各種令状に表記する外国人の氏名はどうすべきか……………… 15
問題5　逮捕から勾留までの時間制限について…………………………… 18
問題6　任意同行の適法性…………………………………………………… 21
問題7　受刑中の者に別の被疑事実が発覚した場合の逮捕・勾留について
　　　　……………………………………………………………………………25
問題8　逮捕・勾留における被疑者の所在の変更………………………… 28
問題9　身柄拘束中の被疑者が逃亡した場合の措置……………………… 30
問題10　令状審査における裁判官による被害者調べの可否とその妥当性‥ 33

第2編　逮捕
問題11　請求時と逮捕時の被疑者の氏名に変動があった場合…………… 41
問題12　親告罪の告訴が欠けている場合の逮捕状の発付は適法か……… 46
問題13　罪を犯したことを疑うに足りる相当な理由（覚せい剤譲渡）…… 49
問題14　罪を犯したことを疑うに足りる相当な理由（さい銭窃盗）……… 51
問題15　罪を犯したことを疑うに足りる相当な理由（建造物侵入・窃盗）
　　　　…………………………………………………………………………… 53
問題16　迷惑防止条例違反と暴行罪の事実認定について………………… 57
問題17　詐欺，恐喝等において，被疑者の発した文言を記載するうえで
　　　　留意すべき点………………………………………………………… 58
問題18　被疑事実の特定の程度（覚せい剤使用）………………………… 60

問題19	被疑事実の誤記と逮捕状の効力 ………………………………	62
問題20	被疑事実の特定の程度…………………………………………	64
問題21	犯罪発覚後,相当期間を経過した逮捕状請求で留意すべき点 …	67
問題22	交通事犯の被疑者が出頭要請に応じない場合の逮捕の必要性 …	68
問題23	逮捕後の引致場所と留置場所の関係………………………………	72
問題24	逮捕状発付後,引致場所を変更する場合 ………………………	73
問題25	有効期間を3日とする逮捕状の発付の可否 ……………………	76
問題26	有効期間を4日とする逮捕状の効力……………………………	78
問題27	刑訴規則142条1項8号の記載事実の審査の観点 ………………	80
問題28	刑訴規則142条1項8号の記載の程度と添付資料の程度 ………	84
問題29	刑訴規則142条1項8号の「前に逮捕状の請求・・・」に現行犯逮捕は含まれるか………………………………………………………	86
問題30	刑訴規則142条1項8号の記載事項として処分済みの事実を記載すべきか………………………………………………………………	88
問題31	長期更新されている逮捕状の審査における一般的注意事項………	90
問題32	被疑事実中に氏名不詳の共犯者がいる場合の審査における一般的注意事項（振り込め詐欺等）………………………………………	92
問題33	刑訴法199条1項ただし書の「30万円以下の罰金・・・に当たる罪」の逮捕状請求について（賭博幇助）…………………………	95
問題34	逮捕状請求の撤回は許されるか …………………………………	97
問題35	常習賭博幇助罪で緊急逮捕することはできるか………………	99
問題36	被疑事実の一部が犯罪の重大性を満たしていない場合（ひき逃げ）……………………………………………………………………	101
問題37	出頭してきた被疑者について緊急逮捕の緊急性が認められるか	104
問題38	緊急逮捕状の請求に添付すべき資料……………………………	107
問題39	緊急逮捕後の令状請求と引致の「直ちに」はどちらが先か……	109
問題40	緊急逮捕状の請求が却下された場合,同一事実による通常逮捕	

	の可否……………………………………………………………111	
問題41	現行犯逮捕の要件として必要なものは何か………………114	
問題42	現行犯逮捕において，逮捕の必要性は要件となるか………117	
問題43	目撃者等の供述証拠による現行犯逮捕の可否………………120	
問題44	教唆犯の現行犯逮捕の可否（身代わり交通事犯）…………124	
問題45	準現行犯逮捕の要件「罪を行い終わってから間がない」………126	
問題46	準現行犯逮捕の要件「犯人として追呼されているとき」………128	
問題47	準現行犯逮捕の要件「凶器等の所持，身体等の証跡」…………129	
問題48	準現行犯逮捕の要件「誰何されて逃走しようとするとき」……131	

第3編　勾留

問題49	完全黙秘は勾留の理由となるか……………………………139
問題50	被害者と接触する可能性をもって罪証隠滅のおそれといえるか 141
問題51	被疑者を更生施設へ収容するまでの手段として勾留できるか…144
問題52	被疑者に自殺のおそれがあるという理由により勾留できるか…145
問題53	勾留延長の事由－共犯者未検挙………………………………148
問題54	勾留延長の事由－被害者調べの必要性………………………150
問題55	勾留延長の事由－示談未了を理由とする延長の可否…………152
問題56	勾留延長の事由－余罪取調べ（振り込め詐欺等）……………154
問題57	勾留延長の事由－余罪取調べ（同種余罪捜査）………………156
問題58	刑訴法60条1項各号の記載を欠いた勾留状の効力……………158
問題59	勾留質問の際の被疑者国選弁護人の選任請求に関する教示の程度………………………………………………………………160
問題60	勾留場所を選定する際に考慮すべき事情……………………163
問題61	勾留期間を7日とした勾留状発付の可否……………………166
問題62	勾留請求却下の裁判に付すべき理由の程度…………………170
問題63	被疑者等が勾留通知を希望しない場合の取り扱い…………172

問題64	少年の勾留請求に対して観護措置が相当と認められた場合 ……	174
問題65	少年法43条3項，48条1項の少年を勾留する場合の「やむを得ない場合」 ………………………………………………………………	175
問題66	逮捕手続が違法であった場合の逮捕中求令起訴への対応 ………	179
問題67	勾留状の被疑事実と公訴事実が同一性を欠いたまま，被告人勾留が継続していることが判明した場合の対応 ……………………	181
問題68	被告人の勾留更新決定をするのに相当な時期 ……………………	183
問題69	保釈許可決定された事件について，勾留更新をすることの要否	185
問題70	勾留中在庁略式請求で略式不相当の場合，被告人の勾留はどうすべきか ……………………………………………………………	187
問題71	逮捕中求令状起訴についての職権不発動の措置と釈放命令 ……	189
問題72	第1回公判の冒頭手続終了後に，被告人を勾留する場合の勾留質問の要否 ………………………………………………………	192
問題73	裁判官の移送同意の趣旨と判断基準 ……………………………	193
問題74	勾留理由開示請求ができる利害関係人 …………………………	197
問題75	検察官が勾留期間内に被疑者を釈放した場合「勾留状の効力が消滅したとき」に当たるか ………………………………………	199
問題76	勾留理由開示における裁判官忌避申立て ………………………	201
問題77	勾留理由開示期日に弁護人が正当な理由なく出頭しない場合，開廷できるか ………………………………………………………	203
問題78	勾留時点と開示時点で勾留理由が変わった場合，開示時点における勾留理由の開示の要否 …………………………………………	205
問題79	勾留理由開示請求における求釈明の対応と証拠の内容の開示の程度 …………………………………………………………………	208
問題80	勾留理由開示手続の典型的な流れ ………………………………	211

著者略歴　恩田　剛（おんだ　つよし）

昭和39年10月16日生まれ，日本大学法学部法律学科卒業，平成2年4月東京地方裁判所刑事部書記官，平成5年4月最高裁判所刑事局調査員，平成11年4月水戸区検察庁副検事，平成14年4月千葉区検察庁副検事，平成15年4月東京地方検察庁検事，平成19年4月さいたま地方検察庁熊谷支部検事，平成20年8月東京簡易裁判所判事，平成23年3月伊賀簡易裁判所判事，平成25年3月東京簡易裁判所判事，平成28年3月柏崎簡易裁判所判事，現在に至る。

逮捕勾留プラクティス

2018年9月　第1刷発行
2019年9月　第2刷発行
2021年6月　第3刷発行

著　者　恩田　剛
発行人　井上　修
発行所　一般財団法人　司法協会
〒104-0045　東京都中央区築地1-4-5
第37興和ビル7階
出版事業部
電話（03）5148-6529
FAX（03）5148-6531
http://www.jaj.or.jp

落丁・乱丁はお取替えいたします。　印刷・製本/名鉄局印刷株式会社
ISBN978-4-906929-75-7　C3032　￥1750E